C++ Programmieren für Einsteiger

Michael Bonacina

2. Auflage: August 2018

ISBN: 978-1-72008-997-1

Herausgegeben durch:
BMU Media GmbH
Hornissenweg 4
84034 Landshut

C++ Programmieren für Einsteiger

Inhaltsverzeichnis

Alle Programmcodes aus diesem Buch sind als PDF zum Download verfügbar. Dadurch müssen Sie sie nicht abtippen:
https://bmu-verlag.de/books/cpp_programmieren/

Außerdem erhalten Sie die eBook Ausgabe zum Buch im PDF Format kostenlos auf unserer Website:

https://bmu-verlag.de/books/cpp_programmieren/
Downloadcode: siehe Kapitel 15

Kapitel 1

Einleitung

C++ ist eine Programmiersprache, die Softwareentwicklern vielfältige Möglichkeiten bietet. Im Gegensatz zu anderen Programmiersprachen, die auf ein ganz bestimmtes Anwendungsgebiet spezialisiert sind, eignet sich C++ für beinahe alle Bereiche. C++ ist ein sehr mächtiges Werkzeug und ermöglicht es, ausgesprochen effiziente Programme zu entwickeln. Dieses Buch bietet eine Einführung in die Programmierung in C++. Es richtet sich dabei vorwiegend an Anfänger. Programmierkenntnisse werden dabei nicht vorausgesetzt. Lediglich der grundlegende Umgang mit den Funktionen eines Computers sollte bekannt sein. Es stellt einen einfachen Einstieg in die Programmierung dar und bietet die Möglichkeit, eine häufig verwendete Programmiersprache mit vielfältigen Anwendungsmöglichkeiten zu erlernen.

1.1 Eine der am häufigsten verwendeten Programmiersprachen: C++

Wie bereits im ersten Abschnitt erwähnt, eignet sich C++ für sehr vielfältige Anwendungen. Die Programmiersprache erlaubt zum einen die Erstellung von Anwendungsprogrammen. Dazu zählt ganz unterschiedliche Software – von Programmen für die Büroverwaltung oder für die Organisation eines Warenlagers bis hin zu Computerspielen. Etwa bis zur Jahrtausendwende dominierte C++ diesen Bereich klar. Seitdem konnten andere Programmiersprachen wie Java oder C# stark zulegen. Allerdings kommt C++ hierfür auch weiterhin häufig zum Einsatz.

Die Systemprogrammierung umfasst Programme, die entweder direkt auf Hardware- oder auf Betriebssystemfunktionen zugreifen. Hierzu zählt die Entwicklung der Betriebssysteme selbst, die Gestaltung von Treibern sowie die Erstellung von virtuellen Maschinen, eingebetteten Systemen und ähnlichen Programmen. Diese Art von Software stellt ganz andere Anforderungen an die Programmiersprache. Doch auch in diesem Bereich stellt C++ die notwendigen Funktionen bereit. Daher kommt diese Sprache auch hierbei sehr häufig zum Einsatz und nimmt dabei eine führende Rolle ein.

Die vielfältigen Anwendungsmöglichkeiten führen dazu, dass C++ eine ausgesprochen beliebte Programmiersprache ist und für sehr viele Programme zum Einsatz kommt. C++ zu erlernen, ist daher sehr sinnvoll – unabhängig davon, ob man Anwenderprogramme auf einem höheren Abstraktionsniveau programmieren oder auf die grundlegenden Funktionen des Computers zugreifen will. Wer die Grundlagen von C++ beherrscht, kann sich später auf einen dieser Bereiche spezialisieren.

1.2 Die Geschichte von C++

Die Entwicklung von C++ geht auf den dänischen Informatiker Bjarne Stroustrup zurück. Dieser war im Rahmen seiner Doktorarbeit an der Cambridge University auf das Problem gestoßen, dass er für die von ihm angestrebten Projekte keine geeignete Programmiersprache fand. Dabei handelte es sich um Software-Projekte, die zum einen sehr umfangreich waren und bei denen zum anderen viel Wert auf eine hohe Effizienz gelegt wurde. Stroustrup verwendete zum einen die Programmiersprache Simula, die zwar gut für umfangreiche Programme geeignet war, aber bei der es nur sehr schwer möglich war, eine hohe Effizienz zu erreichen. Zum anderen kam die Sprache BCPL zum Einsatz, bei der zwar eine hohe Effizienz möglich war, bei der sich die Verwirklichung großer Projekte jedoch als schwierig erwies.

Aufgrund dieses Problems beschloss er 1979 im Rahmen seiner Tätigkeit bei AT&T Bell Laboratories, eine neue Programmiersprache zu entwickeln. Diese sollte beide erwähnten Eigenschaften miteinander verbinden. Allerdings entschied er sich dazu, diese nicht von Grund auf neu zu entwerfen. Anstatt dessen entwickelte er die Programmiersprache C weiter. Bis heute ist C++ mit C kompatibel, sodass es möglich ist, C-Code in ein C++-Programm einzubauen. Die Wahl fiel aus verschiedenen Gründen auf C: Zum einen lag diese Sprache dem damals häufig genutzten Betriebssystem UNIX bei und war daher weit verbreitet. Zum anderen war es relativ einfach, C-Programme auf weitere Betriebssysteme zu portieren. Schließlich eignet sich C für viele unterschiedliche Anwendungen und ermöglicht es, Programme mit hoher Effizienz zu erstellen.

Stroustrup griff dabei ein Konzept auf, das erst wenige Jahre zuvor entwickelt wurde: die Objektorientierung. Was das genau ist, wird später noch etwas ausführlicher behandelt. An dieser Stelle sei lediglich erwähnt, dass es sich hierbei um ein Programmierparadigma handelt, das zu Beginn der 70er Jahre entstand und das für moderne Programmiersprachen unverzichtbar ist. Es beruht im Wesentlichen auf Klassen, Objekten und Methoden. Die Objektorientierung war so prägend für die Entwicklung von C++, dass Stroustrup die Sprache zunächst "C with Classes" – also C mit Klassen – taufte. 1983 erfolgte dann die Umbenennung zu C++. 1990 erschien das Buch The Annotated C++ Reference Manual, das die wichtigsten Grundlagen der Programmiersprache vorgab. Die Standardisierung von C++ erfolgte erst 1998 – beinahe 20 Jahre nachdem Stroustrup mit der Entwicklung der Programmiersprache begonnen hatte.

1.3 Was zeichnet C++ aus?

Wie bereits zu Beginn der Einführung erwähnt, eignet sich C++ für die Gestaltung sehr effizienter Programme. Um zu verstehen, weshalb dies so ist, ist es notwendig, kurz auf die grundlegende Funktionsweise eines Computerprogramms einzugehen. Ein Programm in C++ oder in einer anderen Programmiersprache besteht im Grunde lediglich aus Text. Dieser muss zwar nach ganz speziellen Strukturen aufgebaut sein, doch wird das Programm als Text abgespeichert und die Bedeutung der einzelnen Schlüsselbegriffe ist für Personen mit entsprechenden Programmierkenntnissen einfach zu verstehen. Der Computer versteht – auf Ebene der Hardware – diese Kombinationen aus Zahlen und Buchstaben jedoch nicht. Hierbei ist ein ganz spezifischer Code aus binären Informationen notwendig, der auch als Maschinensprache bezeichnet wird. Dieser enthält ganz spezifische Anweisungen – beispielsweise wo bestimmte Daten abgerufen werden sollen, auf welche Weise sie bearbeitet werden sollen und wo das Ergebnis abgelegt werden soll.

Um ein Computerprogramm auszuführen, ist es notwendig, den Text mit den Anweisungen in Maschinensprache zu übersetzen. Hierfür gibt es verschiedene Möglichkeiten. Bei sogenannten Interpreter-Sprachen kommt ein Programm zum Einsatz, das den Code einliest und während der Anwendung übersetzt. Das bringt den Vorteil mit sich, dass diese Programme auf jedem Computer laufen, auf dem ein entsprechendes Übersetzungsprogramm installiert ist – unabhängig vom Betriebssystem. Eine andere Möglichkeit besteht darin, das Programm zu kompilieren – was beispielsweise bei C++ der Fall ist. Das bedeutet, dass es bereits zu Beginn in Maschinencode übersetzt wird. Dabei entsteht ein ausführbares Programm, das spezifische Anweisungen für das jeweilige Betriebssystem enthält. Darüber hinaus gibt es auch Zwischenlösungen wie bei der Programmiersprache Java, die das Programm vorkompilieren und anschließend auf einer virtuellen Maschine ausführen.

Diese Funktionsweise mag für Anfänger im Bereich der Informatik schwer zu verstehen sein. Allerdings ist diese Ausführung wichtig, um zu verstehen, weshalb C++ sehr effizient ist. Hierbei wird ein fertig übersetztes Programm erzeugt, das bereits in Maschinencode vorliegt. Bei Interpreter-Sprachen ist es hingegen bei jeder Ausführung erneut notwendig, den Code zu übersetzen. Das nimmt viel Zeit in Anspruch und beeinträchtigt daher die Effizienz. Darüber hinaus erlaubt C++ einen direkten Zugriff auf den Prozessor. Bereits diese Eigenschaft für sich genommen erhöht die Ausführungsgeschwindigkeit. Außerdem ist es so möglich, den Ablauf des Programms sehr genau zu steuern und so zu optimieren, dass die Ausführung sehr schnell ist und so wenig Ressourcen wie möglich in Anspruch nimmt. Daher eignet sich diese Programmiersprache hervorragend für Anwendungen, bei denen eine hohe Effizienz notwendig ist.

Ein weiterer Vorteil von C++ besteht in der hohen Flexibilität. Die Sprache unterstützt neben der Objektorientierung auch einige weitere Programmierparadigmen. Daher hat er Programmierer relativ freie Auswahl und kann die Konzepte umsetzen, die ihm persönlich zusagen und die sich für die jeweiligen Aufgaben eignen.

1.4 Programmieren lernen mit C++

Programmieren zu lernen, bringt ohne jeden Zweifel viele Vorteile mit sich – sowohl im Privatleben als auch für die berufliche Karriere. Wer diesen Entschluss fasst, muss sich jedoch für eine Programmiersprache entscheiden. Dabei gibt es unzählige Möglichkeiten. Das macht die Entscheidungsfindung nicht einfach.

Wer dieses Buch in der Hand hält, wird die Programmiersprache C++ verwenden, um die grundlegenden Techniken der Programmierung zu erlernen. Das stellt aus mehreren Gründen eine gute Wahl dar.

Ein wichtiger Aspekt ist dabei die Verbreitung. C++ zählt zu den verbreitetsten Programmiersprachen und kommt für unzählige Anwendungen zum Einsatz. Wer diese Sprache erlernt und dabei ein hohes Niveau erreicht, findet daher sicherlich viele Beschäftigungsmöglichtkeiten. C++-Programmierer sind sehr gefragt, sodass die entsprechenden Kenntnisse die Karrierechancen deutlich verbessern.

Ein weiterer Punkt, der für C++ spricht, ist die hohe Flexibilität dieser Sprache. Daher ist es zu Beginn nicht notwendig, sich für einen bestimmten Bereich zu entscheiden. Vielmehr ist es sinnvoll, die Funktionen und Eigenschaften der Programmiersprache zunächst intensiv kennenzulernen. Erst danach ist es erforderlich, sich zu entscheiden, auf welche Anwendungen man sich spezialisieren will.

Außerdem ist es vorteilhaft, dass es sich hierbei um eine Compilersprache handelt. Syntaxfehler, die das Programm eventuell enthält, werden daher bereits beim Kompilieren erkannt und können berichtigt werden. Das erleichtert die Fehlersuche und führt dazu, dass es Anfängern leichter fällt, korrekte Programme zu erstellen.

Dass C++ zur C-Sprachfamilie gehört, ist ebenfalls sehr hilfreich. Auf C bauen sehr viele weitere Sprachen auf – neben C++ auch Java, C#, PHP, Perl und einige weitere. Diese weisen große Ähnlichkeiten auf. Wer zu Beginn eine Sprache aus diesem Bereich wählt, kann später mit vergleichsweise geringem Aufwand die weiteren Vertreter erlernen.

Kapitel 2

Die Vorbereitung: Diese Programme sind für das Programmieren in C++ nötig

Das Programmieren ist in gewisser Weise mit einer handwerklichen Tätigkeit vergleichbar: Bevor man sich ans Werk macht, ist es notwendig, die Arbeitsumgebung passend einzurichten. Außerdem müssen alle notwendigen Werkzeuge bereitstehen. Nur so ist es möglich, ein Programm zu erstellen. Wer mit dem Programmieren in C++ beginnen will, muss daher zunächst einige Programme auf seinem Computer installieren. Die folgenden Abschnitte stellen vor, um welche Software es sich dabei handelt und wie die Installation abläuft. Um in C++ zu programmieren, ist zunächst ein Texteditor notwendig. Dieser ermöglicht es, den Programmcode zu schreiben und im richtigen Format abzuspeichern. Um aus diesem Code ein lauffähiges Programm zu machen, ist ein Compiler erforderlich. Schließlich soll eine integrierte Entwicklungsumgebung (IDE) installiert werden. Diese übernimmt sowohl die Aufgaben des Compilers als auch des Texteditors. Außerdem bietet sie einige nützliche Zusatzfunktionen. Während die Programme zu Beginn mit dem Texteditor und mit dem Compiler erstellt werden, wird später die IDE als professionelle Alternative dazu eingeführt. Für dieses Buch kommen ausschließlich Programme zum Einsatz, die kostenfrei erhältlich sind. Daher fallen keine weiteren Ausgaben an.

2.1 Ein Texteditor für die Gestaltung des Programmcodes

Wie bereits erwähnt, bestehen Computerprogramme zunächst lediglich aus Text. Um diesen zu erstellen, ist jedoch ein geeignetes Programm notwendig. Viele Menschen, die noch keine Erfahrungen im Bereich der Programmierung haben, denken hierbei an ein Textverarbeitungsprogramm wie Word. Dieses ist jedoch für diese Aufgabe ungeeignet. Das liegt daran, dass diese Software nicht nur den Text abspeichert. Darüber hinaus fügt sie zahlreiche Informationen zu Gestaltung hinzu. Diese sind jedoch für das Computerprogramm unerheblich und stören die Ausführung.

Für diese Aufgabe ist es notwendig, einen Texteditor zu verwenden. Diese Programme speichern lediglich den Text ab. Die meisten Betriebssysteme verfügen bereits über einen integrierten Texteditor. Bei Windows ist beispielsweise das Programm Microsoft Editor – auch unter der Bezeichnung Notepad bekannt – integriert. Die Linux-Distribution Ubuntu wird mit gedit und die Distribution KDE mit Kate ausgeliefert. Leser, die eine der beiden genannten Linux-Distributionen verwenden, sind bereits bestens ausgerüstet und müssen keinen weiteren Texteditor installieren. Der Microsoft Editor eignet sich zwar im Prinzip ebenfalls für diese Aufgabe, doch ist sein Funktionsumfang nur minimal. Daher ist es empfehlenswert, einen etwas umfassenderen Texteditor zu installieren.

Dieser bietet viele Vorteile. Beispielsweise hebt er die Syntax eines Computerprogramms hervor und erstellt automatische Einrückungen. Das macht den Code übersichtlicher und verständlicher. Es ist möglich, Textbereiche, die im Moment nicht benötigt werden, einzuklappen und manche Editoren bieten sogar eine automatische Vervollständigung des Codes.

Screenshot 1 Die Syntax-Hervorhebung in einem Texteditor

Die Auswahl an Texteditoren ist sehr groß. Folgende Internetseite gibt einen kleinen Überblick darüber:

https://de.wikipedia.org/wiki/Liste_von_Texteditoren

Im Prinzip ist es möglich, fast jede dieser Möglichkeiten auszuwählen. In diesem Buch kommt der Texteditor Geany zum Einsatz. Für die hier gestellten Aufgaben ist es jedoch problemlos möglich, auch eine andere Alternative auszuwählen. Geany eignet sich jedoch sehr gut, da dieses Programm Code in C++ unterstützt und außerdem umfangreiche Funktionen für eine einfache Programmierung bietet. Darüber hinaus ist es kostenlos erhältlich. Es steht unter folgender Seite zum Download bereit:

https://www.geany.org/Download/Releases

Dabei ist es lediglich notwendig, die Version für das entsprechende Betriebssystem herunterzuladen und anschließend mit der Standard-Konfiguration zu installieren.

2.2 Ein Compiler für die Erstellung der Programme

Um ein Programm in C++ auszuführen, ist ein Compiler notwendig. Dieser erzeugt aus dem Programmtext ein Programm in Maschinensprache. Wer Linux verwendet, genießt den Vorteil, dass hierbei in fast allen Distributionen bereits ein passender Compiler integriert ist. Bei einem Windows-Rechner ist es jedoch notwendig, diesen separat zu installieren. Hierfür gibt es mehrere Möglichkeiten. In diesem Buch soll der Compiler MinGW verwendet werden. Dieser steht unter folgender Seite kostenlos zum Download bereit:

https://sourceforge.net/projects/mingw/files/

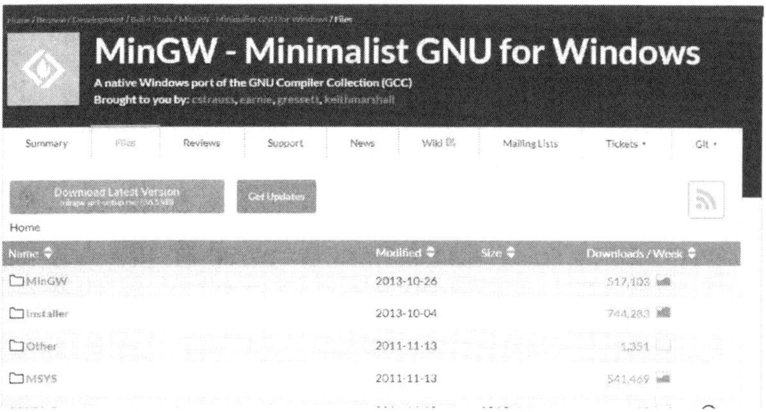

Screenshot 2 Die Downloadseite für MinGW

Nun ist es lediglich notwendig, das grüne Feld mit der neuesten Version anzuklicken, um den Installations-Assistenten herunterzuladen. Dieser muss danach geöffnet werden. Nach der Bestätigung der Standard-Konfiguration wird das Programm auf dem Rechner installiert.

Um dieses zu nutzen, ist es notwendig, einen Kommandozeileninterpreter zu verwenden. Diese ist unter Windows ganz einfach aufzufinden, indem man den Begriff cdm in das Suchfeld eingibt. Daraufhin erscheint das entsprechende Programm sofort. Alternativ dazu ist es möglich, es über das Startmenü aufzurufen: im Ordner Windows-System unter dem Begriff Eingabeaufforderung.

Wenn die Kommandozeile geöffnet ist, ist es empfehlenswert, zu überprüfen, ob die Installation erfolgreich abgeschlossen wurde. Dazu ist es sinnvoll, die Version abzufragen. Das geschieht durch die Eingabe des Begriffs gcc --version. In der Regel erscheint dabei jedoch zunächst folgende Fehlermeldung: Der Befehl "gcc" ist entweder falsch geschrieben oder konnte nicht gefunden werden.

Das liegt daran, dass es nur möglich ist, das Programm zu verwenden, wenn man sich im Verzeichnis befindet, in dem es installiert wurde. Wenn bei der Installation hierfür das Standardverzeichnis gewählt wurde, sollte dies C:\MinGW\bin sein. Falls das Programm an einem anderen Ort abgelegt wurde, ist es notwendig, den entsprechenden Pfad einzugeben und stets mit dem Zusatz \bin zu versehen. Danach sollte bei der Wiederholung des Befehls die entsprechende Version angezeigt werden.

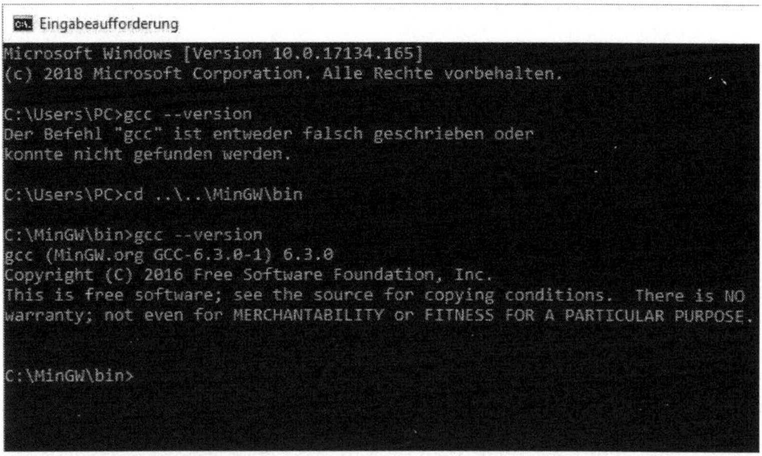

Screenshot 3 Die Versionsabfrage – zunächst mit der Fehlermeldung und anschließend erfolgreich im richtigen Verzeichnis.

Daraus wird deutlich, dass das Programm MinGW bisher nur in dem Verzeichnis erreichbar ist, in dem es installiert wurde. Das gilt nicht nur für die Versionsabfrage, sondern auch für die Kompilierung der Dateien. Das würde den großen Nachteil mit sich bringen, dass alle Programme, die erstellt werden sollen, ebenfalls im Installationsverzeichnis abgelegt werden müssten. Da dies ausgesprochen unübersichtlich wäre, ist es sinnvoll, MinGW auch aus anderen Verzeichnissen zugänglich zu machen. Dazu ist es notwendig, die Umgebungsvariablen anzupassen.

Hierfür müssen die erweiterten Systemeinstellungen aufgerufen werden – entweder über die Systemeinstellungen in der Startleiste oder direkt über die Windows-Suchfunktion. Daraufhin erscheint folgendes Fenster:

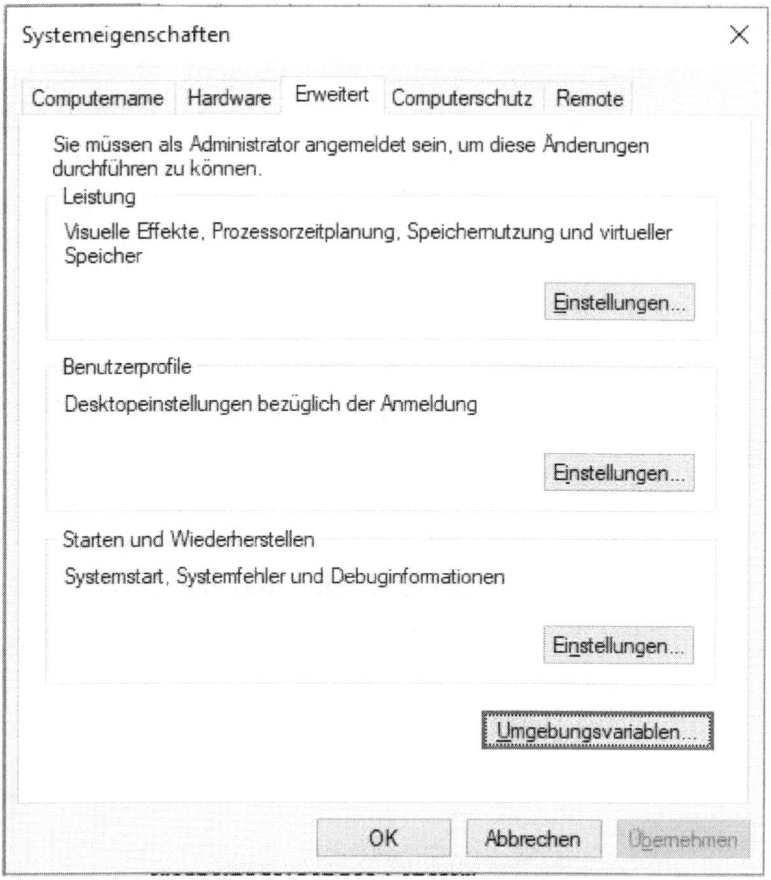

Screenshot 4 Die erweiterten Systemeinstellungen

Im unteren Bereich befindet sich die Schaltfläche "Umgebungsvariablen". Nachdem diese angeklickt wurde, erscheint folgendes Fenster:

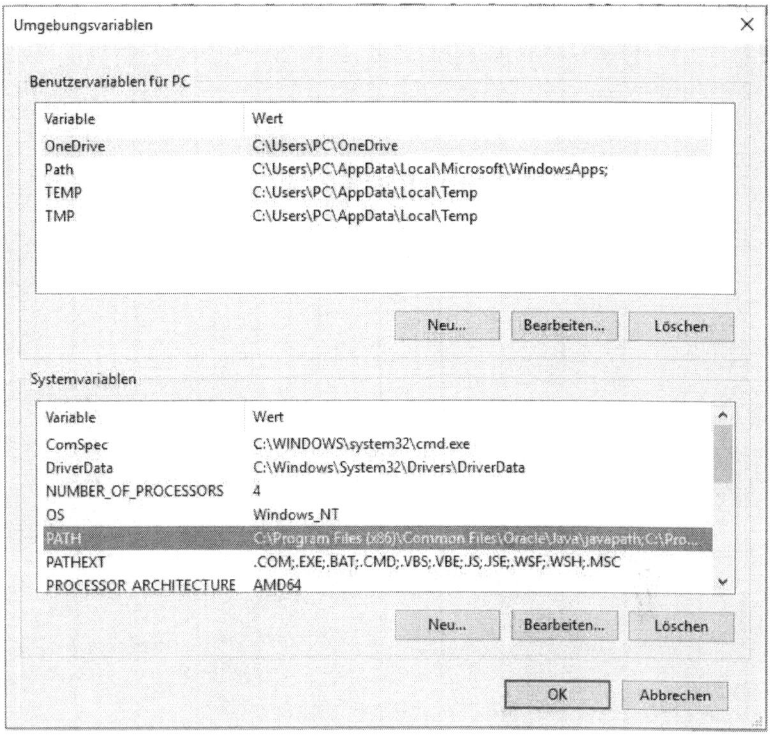

Screenshot 5 Das Fenster für die Einstellung der Umgebungsvariablen

Nun ist es notwendig, im unteren Bereich die Zeile mit der Bezeichnung PATH anzuklicken und anschließend “Bearbeiten” auszuwählen.

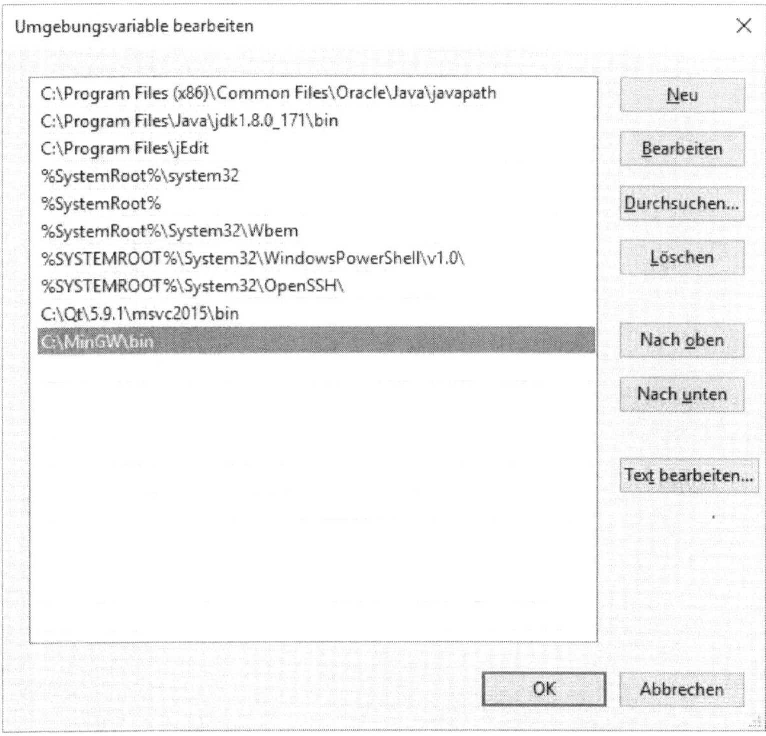

Screenshot 6 Eine neue Umgebungsvariable hinzufügen

Daraufhin öffnet sich das Fenster, das im obigen Screenshot zu sehen ist. Durch das Anklicken von “Neu” ist es möglich, eine neue Umgebungsvariable hinzuzufügen. Diese muss den Pfad enthalten, der zu MinGW führt – bei der Installation im Standard-Verzeichnis also C:\MinGW\bin.

Nun ist es nur noch notwendig, alle offenen Fenster mit “OK” zu bestätigen, um MinGW auch aus anderen Verzeichnissen zugänglich zu machen. Damit die Änderungen wirksam werden, ist es jedoch notwendig, den Kommandozeileninterpreter zunächst zu schließen, falls er noch geöffnet sein sollte. Wenn er erneut geöffnet wird, sollte die Versionskontrolle in jedem beliebigen Verzeichnis erfolgreich verlaufen.

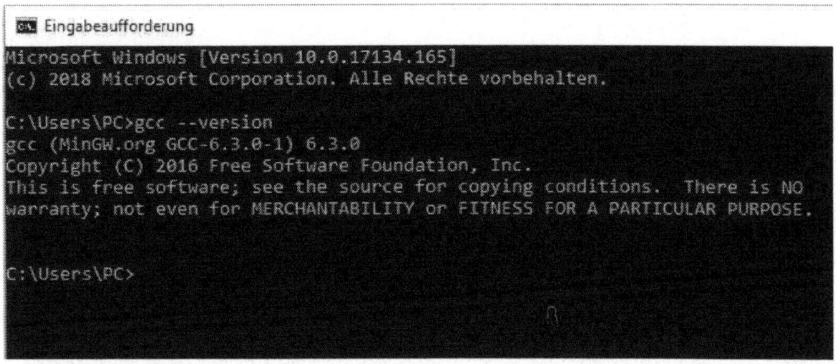

Screenshot 7 Nun ist die Versionskontrolle auch in anderen Verzeichnissen erfolgreich.

2.3. Visual Studio: eine integrierte Entwicklungsumgebung

Mit dem Texteditor und dem Compiler ist es bereits möglich, Programme in C++ zu erstellen. In den ersten Kapiteln dieses Buchs werden wir ausschließlich diese Werkzeuge für die Entwicklung verwenden. In Kapitel 12 lernen wir jedoch noch eine weitere Möglichkeit kennen: die integrierte Entwicklungsumgebung (IDE – Integrated Development Environment). Leser, die bereits ungeduldig sind und mit dem Programmieren so schnell wie möglich beginnen möchten, können dieses Thema daher noch etwas verschieben und dieses Kapitel überspringen. In diesem Fall ist es lediglich wichtig, darauf zu achten, die Installation vor dem zwölften Kapitel nachzuholen.

Bevor wir die IDE herunterladen und installieren, ist es sinnvoll, kurz vorzustellen, um was für ein Programm es sich dabei handelt und welche Vorteile es bietet. Die IDE ist ein Programm, das den Texteditor mit dem Zugriff auf den Compiler verbindet. Daher sind beide Funktionen von der gleichen Oberfläche aus erreichbar. Das kann die Arbeit etwas effizienter gestalten. Darüber hinaus sind viele weitere Zusatzfunktionen enthalten. Beispielsweise gibt es hier Funktionen für das Debugging, die es erleichtern, Fehler im Programm zu finden. Außerdem ist es möglich, den Code für manche häufig vorkommende Befehle mit einem einzigen Mausklick einzufügen. Diese Vorteile führen dazu, dass die meisten professionellen Programmierer dieses Werkzeug für die Entwicklung ihrer Programme verwenden.

Um Programme mit C++ zu erstellen, kommen mehrere integrierte Entwicklungsumgebungen infrage. Für die Beispiele in diesem Buch werden wir die IDE Visual Studio von Microsoft verwenden. Dabei handelt es sich um eine sehr hochwertige Software mit vielen praktischen Funktionen. Diese sind insbesondere bei der Erstellung von Programmen hilfreich, die grafische Benutzeroberflächen verwenden. Auch diese Funktionen werden wir im weiteren Verlauf dieses Buchs noch kennenlernen. Ein weiterer großer Vorteil besteht darin, dass wir diese Software kostenfrei nutzen können. Es gibt zwar auch eine kostenpflichtige Ausführung, die noch etwas mehr Funktionen bietet. Die Gratis-Version ist jedoch für unsere Zwecke vollkommen ausreichend. Unter der folgenden Adresse steht diese zum Download bereit:

https://visualstudio.microsoft.com/de/vs/

Hier findet man zwei Alternativen für die Installation: für Windows-Betriebssysteme und für macOS. Für Linux-Anwender steht leider keine passende Version zur Verfügung. Daher ist es notwendig, für die Bearbeitung der letzten Kapitel eines der genannten Betriebssysteme zu verwenden.

Der angegebene Link führt stets zur aktuellen Version der IDE. In dem Moment, in dem dieses Buch erstellt wird, ist das Visual Studio 2019. Doch auch, wenn im Laufe der Zeit eine neue Version erschienen sein sollte, stellt das kein Problem dar. Die grundlegenden Funktionen bleiben dabei in der Regel die gleichen. Allerdings kann sich dabei die grafische Darstellung etwas von den hier dargestellten Screenshots unterscheiden.

Wenn man die Seite unter dem oben angegebenen Link aufruft, findet man dort eine Schaltfläche für den Download. Hier stehen drei Alternativen zur Auswahl: Community, Professional und Enterprise. Die Community Edition ist dabei die einzige Version, die kostenfrei verfügbar ist. Daher entscheiden wir uns für diese Alternative und laden sie herunter.

Für die Installation müssen wir nun den Download-Assistenten öffnen. Hierbei ist es in der Regel notwendig, die Standard-Einstellungen zu übernehmen. Lediglich bei der Auswahl der Komponenten ist es wichtig, die richtige Auswahl zu treffen.

Um Programme mit C++ zu entwickeln, ist es notwendig, die Schaltfläche Desktopentwicklung mit C++ anzuklicken – so wie dies im folgenden Screenshot zu sehen ist:

Screenshot 8 Die Auswahl der Desktopentwicklung mit C++

Nachdem man diesen Bereich ausgewählt hat, ist es noch notwendig, auf den Reiter mit der Aufschrift "Einzelne Komponenten" zu klicken. Dort erscheint eine lange Liste, in der viele Bereiche bereits ausgewählt sind. Diese dürfen auf keinen Fall entfernt werden. Es ist notwendig, etwas nach unten zu scrollen und unter der Überschrift "SDKs, Bibliotheken und Frameworks" den Eintrag "C++ MFC für v142-Buildtools (x86 und x64)" anzuklicken. Dabei wird automatisch auch der Bereich "C++ ATL für v142-Buildtools (x86 und x64)" ausgewählt. Danach kann man auf die Schaltfläche "Installieren" klicken.

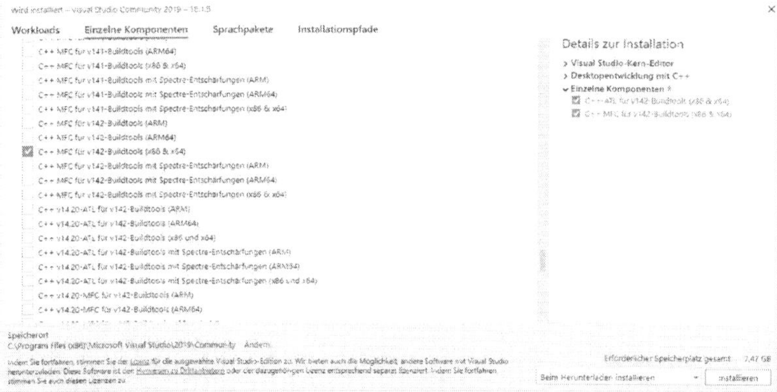

Screenshot 9 Die Auswahl von MFC

Mit diesem Schritt fügen wir der IDE die Software MFC hinzu. Diese Abkürzung steht für Microsoft Foundation Classes. Dabei handelt es sich um eine Erweiterung, die der Erstellung grafischer Benutzeroberflächen dient. Dieses Thema werden wir in Kapitel 13 kennenlernen. Damit ist die Installation bereits abgeschlossen.

Kapitel 3

Das erste eigene Programm in C++ schreiben

Nachdem nun ein erster Überblick über die Eigenschaften der Programmiersprache C++ gegeben wurde und alle notwendigen Programme installiert sind, ist es an der Zeit, selbst Hand anzulegen. Das erste Programm ist dabei selbstverständlich sehr einfach aufgebaut und bietet nur eine einzige Funktion. Dennoch ist es wichtig, alle Details dieses Programms genau zu besprechen. Daran wird die grundlegende Struktur eines C++-Programms ersichtlich, die den Ausgangspunkt für alle weiteren Aufgaben darstellt.

3.1 Der erste Schritt: eine einfache Ausgabe auf dem Bildschirm

Das Ziel des ersten Programms soll es lediglich sein, eine kurze Textnachricht auszugeben. Bei modernen Anwenderprogrammen erfolgt eine derartige Ausgabe in der Regel in einem eigenen Fenster. Um diese Benutzeroberflächen zu erstellen, sind jedoch bereits etwas fortgeschrittenere Programmierkenntnisse erforderlich. Daher wird auf diese Möglichkeit erst in Kapitel 13 eingegangen. Zu Beginn soll eine einfachere Form der Ausgabe gewählt werden: über den Kommandozeileninterpreter.

Um das Programm zu schreiben, ist es notwendig, den Texteditor zu öffnen und den entsprechenden Programmcode einzugeben. Der wesentliche Befehl zur Ausgabe eines Texts lautet:

```
std::cout << "Ausgabetext";
```

Allerdings muss dieser Befehl in die grundlegende Struktur eines C++-Programms eingebunden werden. Wenn das Programm eine kleine Begrüßung zum C++-Kurs ausgeben soll, ergibt sich folgender Programmcode:

```
#include <iostream>

int main ()
{
     std::cout << "Willkommen zum C++-Kurs!";
}
```

Nun ist es nur noch notwendig, das Programm abzuspeichern. Dabei ist es möglich, den Namen frei zu wählen. Es ist lediglich notwendig, die Endung .cpp hinzuzufügen. Diese kennzeichnet ein C++-Programm. Da es sich beim ersten Programm um einen Willkommensgruß handelt, soll es den Namen willkommen.cpp erhalten.

3.2 Die Elemente des Programmcodes verstehen

Um den Aufbau und die Funktionsweise eines C++-Programms zu verstehen, ist es wichtig, die einzelnen Bestandteile genau zu erläutern. Zunächst soll dabei der eigentliche Befehl und anschließend die Struktur des Programms erklärt werden.

Der Befehl für die Ausgabe lautet `cout`. Allerdings kann dieser nicht für sich alleine stehen. Das liegt daran, dass alle Befehle in C++ in sogenannten Bibliotheken abgespeichert sind. Darin ist festgehalten, welche Aktion der Compiler durchführen soll, wenn der entsprechende Ausdruck im Programm auftaucht. Allerdings gibt es sehr viele unterschiedliche Bibliotheken, die der Compiler standardmäßig unterstützt. Darüber hinaus kann jeder Anwender sogar seine eigene Bibliothek entwerfen. Dabei ist es möglich, dass ein bestimmter Ausdruck in mehreren Bibliotheken auftaucht. Bei einer doppelten Belegung wüsste der Compiler daher nicht, welche Funktionen er anwenden soll. Aus diesem Grund arbeitet C++ mit sogenannten Namensräumen. Darin darf jeder Befehl nur ein einziges Mal bestimmt werden. Daher muss der Programmierer vor jedem Befehl bestimmen, zu welchem Namensraum er gehört. Um diesen anzugeben, kommt das Kürzel `std` zum Einsatz. Dieses steht für Standard. Der zugehörige Namensraum umfasst alle Standard-Befehle in C++. Um den Befehl mit dem Namensraum zu verbinden, kommt der Zuweisungsoperator `::` zum Einsatz. Schließlich folgt der Text, der ausgegeben werden soll. Dieser muss immer in doppelten Anführungszeichen stehen. Durch die doppelten Pfeile (<<) wird dieser Inhalt dem Ausgabebefehl zugewiesen. Am Ende des Befehls muss immer ein Semikolon stehen.

Zu Beginn des Programmcodes steht der Befehl `#include <iostream>`. Wie soeben beschrieben, sind die einzelnen Befehle, die für das Programm zum Einsatz kommen, in Bibliotheken abgespeichert, die der Compiler beim kompilieren einbinden muss. Das macht er jedoch nicht automatisch. Es ist notwendig, ihm die einzelnen Dateien, die er verwenden soll, mitzuteilen. Das geschieht über den Befehl `#include`. Der Befehl, der für dieses Programm verwendet wird, befindet sich in der Datei `iostream`. Daher muss deren Name in spitzen Klammern eingefügt werden.

Danach wird das eigentliche Programm geöffnet. Der Schlüsselbegriff hierfür ist `main`. Dieser öffnet die Hauptfunktion eines Programms und stellt den Einstiegspunkt dar. In C++ kann jede Funktion einen Wert zurückgeben und außerdem ist es möglich, Daten an die Funktion zu übergeben. Das ist bei diesem Programm zwar nicht notwendig, doch wirkt es sich auf dessen Struktur aus. Vor dem Begriff `main` muss daher der Datentyp des Rückgabewerts eingefügt werden. Daher steht hier `int` – eine Abkürzung für integer beziehungsweise auf Deutsch für eine ganze Zahl. Den Wert, der hierbei zurückgegeben wird, kann der Programmierer selbst bestimmen. Er dient in der Regel als Hinweis darauf, ob das Programm erfolgreich abgelaufen ist. Enthält das Programm keinen spezifischen Befehl zum Rückgabewert, gibt es stets den Wert 0 zurück.

In der Klammer stehen die Werte, die der Funktion übergeben werden sollen. Das ist hier jedoch nicht notwendig, sodass die Klammer leer bleibt. An diesem Punkt ist es noch nicht notwendig, die genaue Funktionsweise der Rück- und Übergabewerte zu verstehen. Es ist lediglich wichtig, zu beachten, dass C++-Programme in der Regel mit der Zeile `int main ()` beginnen.

Der eigentliche Inhalt des Programms steht schließlich in geschweiften Klammern. Diese markieren den Anfang und das Ende und es ist wichtig, sie auf keinen Fall zu vergessen.

3.3 Das Programm ausführen

Der letzte Schritt besteht darin, das Programm zu kompilieren und auszuführen. Hierfür ist wieder der Kommandozeileninterpreter notwendig, dessen Verwendung bereits bei der Installation des Compilers erklärt wurde. Dafür ist es erforderlich, diesen zu öffnen und anschließend in das Verzeichnis zu wechseln, in dem das Programm abgespeichert wurde. Anschließend muss folgender Befehl eingegeben werden:

```
g++ -o willkommen willkommen.cpp
```

Wenn alles nach Plan verläuft, entsteht eine Wartezeit von wenigen Sekunden und danach erscheint wieder die Zeile für die Eingabe. Auf den ersten Blick scheint es, als wäre nichts passiert. Dieser Eindruck trügt jedoch. Wenn man den sich den Inhalt des entsprechenden Verzeichnisses betrachtet (entweder über das Fenster des Windows-Dateimanagers oder in der Kommandozeile über den Befehl dir), fällt auf, dass hier nun die Datei willkommen.exe entstanden ist. Dabei handelt es sich um eine ausführbare Datei, die man durch die Eingabe des Befehls willkommen aufrufen kann. Danach erscheint der Text, der im Programm für die Ausgabe angegeben wurde, im Kommandozeileninterpreter:

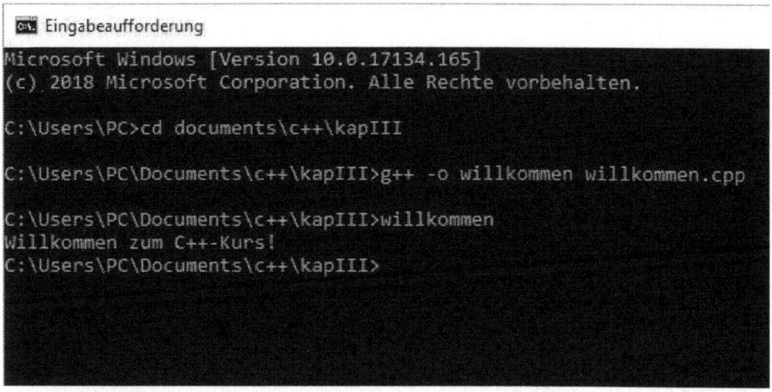

Screenshot 10 Das Kompilieren und die Ausgabe des ersten Programms

Nachdem das erste C++-Programm erfolgreich kompiliert und ausgeführt wurde, ist es sinnvoll, sich nochmals die entsprechenden Befehle genau anzuschauen. Um ein C++-Programm im Kommandozeileninterpreter zu kompilieren, kommt stets der Befehl g++ zum Einsatz. Zum Schluss steht der Name der Datei, die kompiliert werden soll. Während diese beiden Bestandteile unbedingt notwendig sind, ist der Mittelteil optional. Um dessen Funktion herauszufinden, ist es möglich, das Programm erneut zu kompilieren – dieses Mal jedoch nur mit dem Befehl g++ willkommen.cpp. Wenn man nun den Inhalt des entsprechenden Verzeichnisses abfragt, ist eine neue Datei mit dem Namen a.exe entstanden. Deren Funktion ist genau die gleiche wie bei der zuvor erstellten Datei willkommen.exe. Der Einschub -o dient dazu, den Namen der neu zu erstellenden exe-Datei vorzugeben. Fehlt diese Angabe, erstellt der Compiler automatisch eine Datei mit dem Namen a.exe. Der Name der exe-Datei kann dabei frei gewählt werden und muss nicht zwingend mit dem Namen der cpp-Datei übereinstimmen. Um die Übersicht zu behalten ist es jedoch ratsam, stets die gleichen Bezeichnungen zu verwenden.

Um das Programm auszuführen, ist es lediglich notwendig, den Namen der kompilierten Datei einzugeben – allerdings ohne die Endung .exe.

3.4 Übungsaufgabe: So lässt sich der Programmcode verändern

Am Ende der meisten Kapitel dieses Buchs stehen einige Übungsaufgaben. Diese dienen dazu, das Gelernte zu vertiefen und selbst anzuwenden. In der Regel sind die Befehle, die in den vorhergehenden Kapiteln vorgestellt wurden, für die Bearbeitung ausreichend. Sollten dafür zusätzliche Kenntnisse notwendig sein, werden die entsprechenden Details kurz in der Aufgabenstellung erläutert.

Häufig entsprechen die Programme, die in den Übungsaufgaben erstellt werden, in einigen Teilen den Beispielen der vorhergehenden Kapitel. Daher wäre es möglich, die entsprechenden Programme lediglich zu kopieren und daraufhin die Funktionen abzuändern. Um sich die grundlegenden Strukturen besser einzuprägen, wird jedoch unbedingt dazu geraten, den Code von Grund auf neu zu schreiben.

Abschließend werden die Lösungen präsentiert. In manchen Fällen – insbesondere bei fortgeschrittenen Aufgaben – sind mehrere Lösungswege möglich. Die Musterlösungen dienen daher nur als Abgleich und als Hilfestellung, wenn man selbst nicht weiter kommt. Wenn das eigene Programm die Anforderungen der Aufgabenstellung erfüllt, obwohl es einen anderen Programmcode als die vorgestellte Lösung verwendet, ist die Aufgabe ebenfalls korrekt bearbeitet. Nach diesen grundsätzlichen Erläuterungen können Sie mit den Aufgaben für dieses Kapitel beginnen:

1. Erweitern Sie das Programm aus diesem Kapitel so, dass es einen zweiten Ausgabebefehl enthält. Den Inhalt können Sie beliebig festlegen.

2. Wenn Sie das Programm aus Aufgabe 1 ausführen, stellen Sie fest, dass dabei beide Textbausteine ohne Zeilenumbruch hintereinander ausgegeben werden. Fügen Sie daher nach der ersten Textausgabe den Begriff `std::endl` ein, um einen Zeilenumbruch zu erzeugen. Diesen müssen Sie einfach durch die doppelten Pfeile (<<) an den bisherigen Befehl anschließen.

3. Im letzten Programm kamen mehrere Befehle aus dem Namensraum `std` zum Einsatz. Diesen Zusatz jedes Mal hinzuzufügen, ist jedoch recht umständlich. Wenn sie in einem Programm stets den gleichen Namensraum verwenden, ist es anstatt dessen möglich, dies durch den Befehl `using namespace std;` zu Beginn des Programms anzugeben. Fügen Sie diesen Befehl ein und entfernen Sie die übrigen Angaben zum Namensraum aus dem Programm.

Lösungen:

1.

```
#include <iostream>

int main ()
{
      std::cout << "Willkommen zum C++-Kurs!";
      std::cout << "Hier erlernen Sie die Grundlagen der
      Programmiersprache C++.";
}
```

2.

```
#include <iostream>

int main ()
{
      std::cout << "Willkommen zum C++-Kurs!" << std::endl;
      std::cout << "Hier erlernen Sie die Grundlagen der
      Programmiersprache C++.";
}
```

3.

```
#include <iostream>
using namespace std;

int main ()
{
      cout << "Willkommen zum C++-Kurs!" << endl;
      cout << "Hier erlernen Sie die Grundlagen der
      Programmiersprache C++.";
}
```

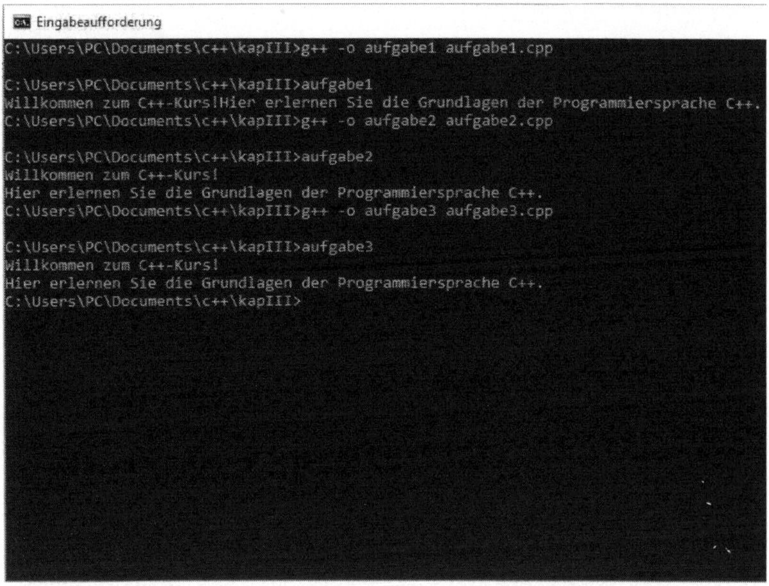

Screenshot 11 Die Kompilierung und die Ausgabe der drei Programme

Kapitel 4

Die Verwendung von Variablen in C++

Das erste Programm, das im vorherigen Kapitel erstellt wurde, gab lediglich einen einfachen Text aus. Für diese Aufgabe ist es jedoch eigentlich nicht notwendig, ein Computerprogramm zu schreiben. Für die Textbearbeitung stehen bereits viele nützliche Werkzeuge zur Verfügung. Die Aufgabe eines Computerprogramms besteht vielmehr darin, Berechnungen durchzuführen und die Ausgabe an die Ergebnisse anzupassen. Hierfür sind Variablen unverzichtbar. Daher befasst sich das nächste Kapitel mit diesem Thema. Auf diese Weise ist es bereits möglich, den Funktionsumfang des Programms deutlich zu erhöhen.

4.1 Wozu dienen Variablen?

Die meisten Leser kennen Variablen wahrscheinlich noch aus dem Mathematikunterricht in der Schule. Sie kommen dabei beispielsweise in Gleichungen zum Einsatz und sind dabei der Platzhalter für einen ganz bestimmten Wert, den es zu ermitteln gilt. In Funktionen dienen sie dazu, eine Rechenoperation mit verschiedenen Werten durchzuführen. In der Informatik ist die Bedeutung der Variablen zwar ähnlich, doch ist sie nicht ganz identisch. Auch hier stellen sie einen Platzhalter für einen ganz bestimmten Wert dar. Der Begriff Platzhalter ist hier jedoch wörtlich zu nehmen: Sie bestimmen einen bestimmten Platz im Arbeitsspeicher, an dem der Wert einer Variable hinterlegt ist. Das bedeutet, dass jede Variable einen konkreten Wert hat. Alternativ dazu ist es möglich, dass sie leer ist, weil noch kein Wert hinterlegt wurde.

Wenn man die Funktion der Variablen in der Informatik bildhaft erklären will, ist es möglich, sie sich als Regalsystem mit mehreren Fächern vorzustellen. Zunächst ist der Inhalt leer. Es ist aber jederzeit möglich, ein Regalfach mit Inhalten zu füllen – beispielsweise mit Büchern, Zeitschriften, Bleistiften oder mit anderen Gegenständen. Auch bei Variablen ist es möglich, ihnen verschiedene Inhalte zu geben. Dabei handelt es sich um Zahlen, um Buchstaben, Zeichenketten oder um Wahrheitswerte. Um die Inhalte abzurufen, ist es notwendig, jedes Fach eindeutig zu kennzeichnen. Im Beispiel wäre es notwendig, am entsprechenden Regalfach ein Schildchen mit dem Namen anzubringen. Wenn man eine Variable verwendet, ist es ebenfalls notwendig, ihr einen Namen zu geben. Jede Bezeichnung darf dabei nur ein einziges Mal vergeben werden, damit der Ort eindeutig definiert ist. Auf diese Weise lässt sich der Inhalt ganz einfach abrufen.

4.2 Variablen: verschiedene Typen

Im vorhergehenden Abschnitt wurde bereits angesprochen, dass jede Variable verschiedene Arten von Daten enthalten kann. Da dies ein sehr wichtiger Punkt bei der Erstellung eines C++-Programms ist, soll dieser Aspekt nun etwas vertieft werden. Wenn das Programm eine Variable verwendet, reserviert es einen bestimmten Platz im Arbeitsspeicher für deren Wert. Für diese Aufgabe ist es jedoch notwendig, zu wissen, wie groß dieser Bereich sein muss. Daher ist es vor der ersten Wertzuweisung notwendig, die Variable zu deklarieren und ihren Typ anzugeben. Daraus geht hervor, wie viel Speicherplatz dafür notwendig ist. Die folgende Tabelle gibt einen Überblick über die wichtigsten Datentypen in C++ und den Speicherplatz, den sie benötigen. Hierbei werden die Standard-C++-Mindestwerte angegeben. Je nach Rechnerarchitektur kann es dabei jedoch zu einigen Abweichungen kommen.

Variablentyp	**Länge**	**Verwendung**
`char`	1 Byte	Buchstaben und andere Zeichen
`short`	2 Byte	Kleinere ganze Zahlen

`int`	2 Byte	Mittlere ganze Zahlen
`long`	4 Byte	Größere ganze Zahlen
`long long`	8 Byte	Sehr große ganze Zahlen
`float`	4 Byte	Fließkommazahl mit max. 6 Nachkommastellen
`double`	8 Byte	Größere Fließkommazahl mit max. 12 Nachkommastellen
`long double`	10 Byte	Große Fließkommazahl mit max. 18 Nachkommastellen
`bool`	1 Byte	Wahrheitswerte

Darüber hinaus ist es bei allen Variablentypen, die eine ganze Zahl beinhalten, möglich, den Zusatz `signed` oder `unsigned` hinzuzufügen. Die Bezeichnung `signed` bedeutet, dass die Zahl sowohl positive als auch negative Werte annehmen kann. Der Zusatz `unsigned` bedeutet hingegen, dass es sich ausschließlich um positive Werte handelt. Da hierbei keine Information für das Vorzeichen notwendig ist, kann der Wert der Zahl doppelt so groß sein wie bei Zahlen, die als signed definiert sind. Fehlt dieser Zusatz, interpretiert das Programm die Werte automatisch als `signed`, sodass es möglich ist, ein Vorzeichen zu verwenden.

Aus dieser Tabelle geht hervor, dass es mehrere Datentypen gibt, die den gleichen Speicherplatz einnehmen. Dennoch gibt es erhebliche Unterschiede hinsichtlich der Interpretation der Werte. Am entsprechenden Speicherplatz sind lediglich einzelne Bits gespeichert, die mit den Werten 0 oder 1 belegt werden. Erst das Programm gibt der entsprechenden Bitfolge eine Bedeutung. Welche Ausgabe es damit verbindet, hängt jedoch vom Typ der Variablen ab. Die gleiche Bitfolge kann beispielsweise einen ganz unterschiedlichen Wert annehmen – je nachdem, ob die Variable als `float` oder als `long` deklariert wurde. Daher ist die Deklaration nicht nur für die Länge des reservierten Speicherplatzes von Bedeutung, sondern auch für die richtige Interpretation der Werte, die hier abgespeichert sind.

Bei den bisherigen Beispielen handelt es sich um die grundlegenden Datentypen in C++. Diese werden auch als primitive oder als intrinsische Datentypen bezeichnet. Allerdings ist es häufig notwendig, etwas kompliziertere Datentypen zu verwenden. Ein Beispiel hierfür, das sehr häufig auftritt, ist die Speicherung von Texten in einer Variablen. Das ist beispielsweise notwendig, um die Ausgabe auf dem Bildschirm individuell zu gestalten und an verschiedene Ereignisse anzupassen. Die intrinsischen Datentypen bieten hierfür bereits eine Möglichkeit: die Verwendung von Variablen vom Typ `char`. Das wäre jedoch ausgesprochen umständlich. Denn hierbei müsste jeder einzelne Buchstabe des Texts in einer eigenen Variable gespeichert werden. Das würde insbesondere bei längeren Texten erhebliche Probleme mit sich bringen. Darüber hinaus wäre es bei jeder Ausgabe erforderlich, die genaue Textlänge zu kennen, um alle einzelnen Buchstaben richtig darzustellen. Aus diesem Grund ist es sinnvoll, hierbei den Datentyp `std::string` zu verwenden. Dieser macht es möglich, Zeichenketten in beinahe beliebiger Länge aufzunehmen – von einzelnen Buchstaben bis hin zu ganzen Büchern. Technisch gesehen basiert er auf dem Datentyp `char`. Er setzt die einzelnen Zeichen jedoch automatisch zusammen und erleichtert auf diese Weise den Umgang mit Texten erheblich. Darüber hinaus gibt es viele hilfreiche Funktionen für die Bearbeitung von Zeichenketten. Hierbei handelt es sich jedoch nicht um einen primitiven Datentyp. Das bedeutet, dass er nicht im Grundwortschatz von C++ enthalten ist. Um `std::string` zu verwenden, ist es daher notwendig, die entsprechende Headerdatei mit #include <string> einzubinden.

4.3 Variablen in das Programm integrieren

Aus den vorhergehenden Abschnitten wurde klar, dass sich Variablen über ihren Namen und über ihren Typ definieren. Aus diesem Grund ist es vor der ersten Verwendung stets notwendig, diese beiden Eigenschaften anzugeben. Das geschieht ganz einfach durch die Eingabe des Typs und des gewählten Namens – wie bei allen Befehlen gefolgt von einem Semikolon:

```
int a;
```

Dieser Befehl führt beispielsweise die Variable mit dem Namen `a` ein, in der ganze Zahlen gespeichert werden können. Bei der Namensgebung ist der Programmierer relativ frei. Er kann beliebig viele Ziffern und Buchstaben verwenden. Darüber hinaus ist es möglich, den Unterstrich zu nutzen. Es ist lediglich wichtig, darauf zu achten, dass die Bezeichnung immer mit einem Buchstaben beginnen muss. Die Bezeichnung `2_zahl` wäre beispielsweise nicht zulässig, während der Name `zahl_2` erlaubt ist.

Wenn mehrere Zahlen des gleichen Typs deklariert werden, ist es möglich, diese in einem Befehl – durch ein Komma voneinander getrennt – zusammenzufassen. Der Befehl `int a, b, c;` deklariert drei verschiedene Integer-Variablen mit den Namen `a`, `b` und `c`.

Darüber hinaus ist es wichtig, dir Groß- und Kleinschreibung zu berücksichtigen. Wenn der Programmierer eine Variable mit dem Namen `Zahl` definiert und sie später unter der Bezeichnung `zahl` aufrufen will, führt das zu einer Fehlermeldung. Es ist möglich, verschiedene Variablen zu definieren, die sich lediglich in der Groß- und Kleinschreibung unterscheiden und verschiedene Werte aufweisen:

```
int zahl;
int Zahl;
int ZAHL;
```

Auf diese Weise werden drei verschiedene Variablen deklariert. Aus Gründen der Übersichtlichkeit ist diese Vorgehensweise allerdings nicht zu empfehlen.

Nachdem die Variable deklariert wurde, ist es möglich, ihr einen Wert zuzuweisen. Dazu ist es notwendig, den Variablennamen, ein Gleichheitszeichen und den gewünschten Wert einzugeben:

```
a = 5;
```

Dieser Ausdruck weist der Variablen a den Wert 5 zu. Für die Ausgabe der Variablen ist es lediglich notwendig, sie in den Befehl `cout` einzufügen – in diesem Fall jedoch ohne die Anführungszeichen. Ein einfaches Programm, das eine Variable definiert, ihr einen Wert zuweist und diesen dann ausgibt, könnten folgendermaßen aussehen:


```
#include <iostream>

int main ()
{
    int a;
    a = 4;
    std::cout << a;
}
```

In vielen Programmen folgen die Deklaration der Variablen und die erste Wertzuweisung unmittelbar aufeinander. Aus diesem Grund ist es möglich, diese beiden Befehle zusammenzufassen, um den Code etwas übersichtlicher zu gestalten. Anstatt der Befehle `int a;` und `a = 4;` ist es möglich, einfach `int a = 4;` zu schreiben, ohne dass sich die Funktionsweise des Programms ändert.

Besondere Vorsicht bei der Wertzuweisung ist bei Variablen des Typs `char` geboten. Um dies zu demonstrieren, soll folgendes Programm in den Texteditor geschrieben und anschließend kompiliert und ausgeführt werden:

```
#include <iostream>

int main ()
{
    char a = 5;
    char b = '5';
```

```
    std::cout << "Variable a: " << a << std::endl;
    std::cout << "Variable b: " << b << std::endl;
}
```

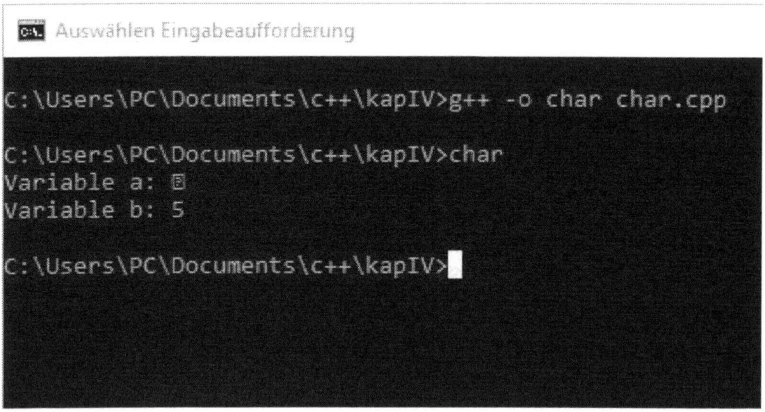

Screenshot 12 Die Ausgaben der beiden char-Variablen

Dieses Programm deklariert die Variablen `a` und `b`, weist ihnen den Wert 5 zu und gibt sie anschließend auf dem Bildschirm aus. Dabei verwendet es für eine bessere Übersichtlichkeit einen Text, wie dies bereits im Kapitel 3 erklärt wurde. Um an den Text den Wert der Variablen anzuschließen, ist es lediglich notwendig, diese über die doppelten Pfeile (<<) zum `cout`-Befehl hinzuzufügen.

Die Variable `a` erhält hierbei den Wert 5. Die Variable `b` wird mit dem gleichen Wert belegt – dieses Mal jedoch in einfachen Anführungszeichen. Eigentlich wäre es zu erwarten, dass beide Variablen nun den Wert 5 enthalten. Dies trifft jedoch nur auf `a` zu. Die Variable `b` enthält hingegen ein kleines Rechteck mit einem Fragezeichen.

Der Grund für dieses Verhalten liegt darin, dass Variablen vom Typ `char` für die Speicherung einzelner Zeichen vorgesehen sind. Dafür ist es notwendig, sie in einfache Anführungszeichen zu setzen. Für die Speicherung dieser Zeichen kommt jedoch der ASCII-Code zum Einsatz. Dieser weist jedem Zeichen eine Zahl zu. Das bedeutet, dass in der Variablen eigentlich nicht das Zeichen selbst gespeichert wird, sondern die Zahl, die ihm im ASCII-Code entspricht. Bei der Ausgabe wandelt das Programm den ASCII-Wert wieder in das zugehörige Zeichen um.

Auf diese Weise werden die Unterschiede in der Ausgabe klar. Die Variable `b` speichert die Ziffer 5 ab. Dazu verwendet sie den zugehörigen ASCII-Code – in diesem Fall den Wert 53. Wenn die Variable ausgegeben wird, verwandelt das Programm den ASCII-Code wieder in das zugehörige Zeichen, sodass die Ziffer 5 erscheint. Die Variable `a` speichert hingegen kein Zeichen, sondern direkt die Zahl 5 ab. Bei der Ausgabe interpretiert das Programm diese, als handle es sich um ASCII-Code. Hier steht die Zahl 5 für das Enquiry-Zeichen. Dieses kommt lediglich für die Datenübertragung zum Einsatz und ist mit keinem Symbol verbunden. Daher wird auf dem Bildschirm das Fragezeichen ausgegeben. Aus diesem Grund ist es sehr wichtig, die Zeichen stets in Anführungszeichen zu setzen, um Fehler zu vermeiden.

4.4 Operatoren für die Bearbeitung von Variablen

Wie bereits zu Anfang des Kapitels erwähnt, dienen Computerprogramme dazu, Daten zu berechnen. Variablen sind für diese Aufgabe unverzichtbar. Bisher wurden den Variablen jedoch nur Werte zugewiesen. Um Berechnungen durchzuführen, sind jedoch sogenannte Operatoren notwendig.

Der einfachste und zugleich wichtigste Operator für die Arbeit mit Variablen, ist schon bekannt: der Zuweisungsoperator. Dieser wurde bereits im vorherigen Kapitel verwendet, um einer Variablen einen Wert zuzuweisen. Das ist nicht nur zu Beginn des Programms möglich. Der Wert einer Variablen lässt sich durch den Zuweisungsoperator beliebig oft abändern:

```
#include <iostream>

int main ()
{
    int a = 5;
    std::cout << "Wert nach der ersten Zuweisung:
    " << a << std::endl;
```

```
    a = 43;
    std::cout << "Wert nach der zweiten Zuweisung:
    " << a << std::endl;

    a = 7;
    std::cout << "Wert nach der dritten Zuweisung:
    " << a << std::endl;
}
```

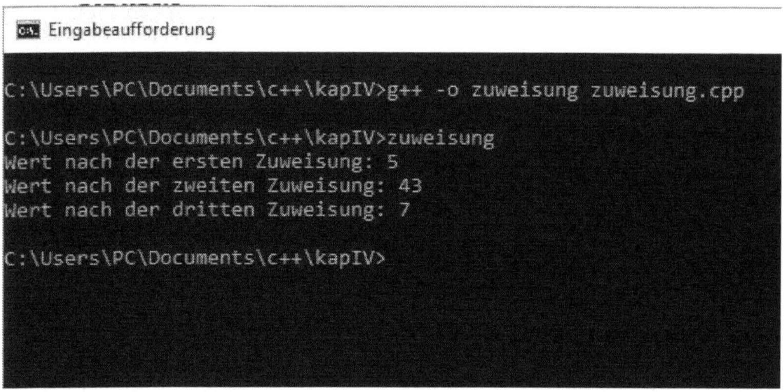

Screenshot 13 Die Funktion des Zuweisungsoperators

Um Berechnungen durchzuführen, kommen verschiedene mathematische Operatoren zum Einsatz. Deren Funktionsweise soll das folgende Programm verdeutlichen:

```
#include <iostream>

int main ()
{
    int a = 5;
    int b = 3;
    int c;

    c = a + b;
    std::cout << "Addition: " << c << std::endl;

    c = a - b;
    std::cout << "Subtraktion: " << c << std::endl;

    c = a * b;
    std::cout << "Multiplikation: " << c << std::endl;
```

```
    c = a / b;
    std::cout << "Division: " << c << std::endl;

    c = a % b;
    std::cout << "Modulo: " << c << std::endl;

}
```

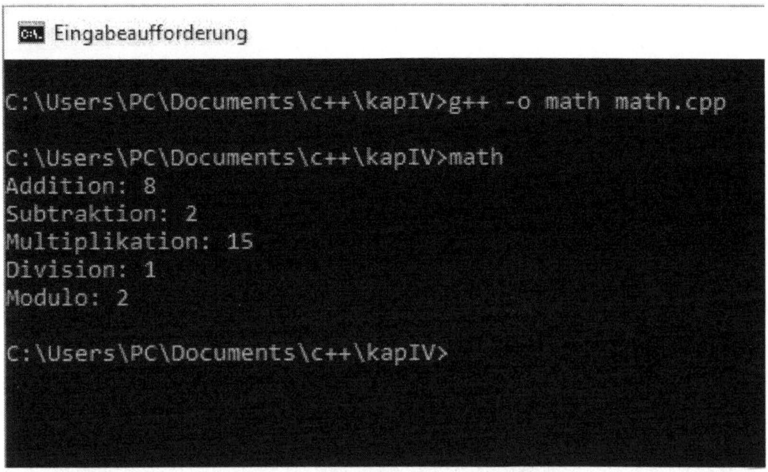

Screenshot 14 Mathematische Berechnungen

Die Rechenoperationen für die Addition und die Subtraktion sollten selbstverständlich sein und keiner weiteren Erklärung bedürfen. Für die Multiplikation ist es in C++ wie in den meisten Programmiersprachen notwendig, das Stern-Symbol (*) zu verwenden. Für die Division kommt der Schrägstrich (/) zum Einsatz. Hierbei ist auffällig, dass das Ergebnis lediglich die Zahl 1 wiedergibt, obwohl es eigentlich 1,667 beträgt. Das liegt daran, dass alle Variablen als Integer – also als ganze Zahlen – deklariert sind. Daher wird hier lediglich der ganzzahlige Anteil ohne die Nachkommastellen angegeben. Damit hier eine Zahl mit Nachkommastellen ausgegeben wird, wäre es notwendig, die Variablen als Fließkommazahlen – beispielsweise als `double` – zu deklarieren.

Auch das Prozentzeichen (%) benötigt eine Erklärung. Dieses wird in der Informatik als Modulo-Operator bezeichnet. Es berechnet den Rest, der bei einer ganzzahligen Division übrig bleibt. Wenn man 5 durch 3 teilt, ist das Ergebnis 1 Rest 2. Daher ergibt sich aus der Modulo-Operation der Wert 2.

Bei vielen Operationen in einem Computerprogramm muss das Ergebnis auf den bisherigen Wert der Variable Bezug nehmen. Wenn beispielsweise der Wert der Variablen `a` um 5 erhöht werden soll, ist für die Berechnung der bisherige Wert von `a` erforderlich. Folgender Ausdruck führt die entsprechende Berechnung durch:

```
a = a + 5;
```

Derartige Operationen, die auf den bisherigen Wert Bezug nehmen, kommen sehr häufig vor. Daher wurde hierfür eine Kurzform eingeführt. Diese wird als kombinierter Zuweisungsoperator bezeichnet. Anstatt des obigen Ausdrucks ist es möglich, folgenden Befehl zu verwenden:

```
a += 5;
```

Diese Schreibweise erspart dem Programmierer insbesondere bei längeren Variablennamen viel Schreibarbeit. Nach dem gleichen Muster ist es möglich, auch für alle weiteren mathematischen Operatoren Kurzformen zu verwenden, wenn diese den bisherigen Wert der Variablen verwenden: `-=`, `*=`, `/=` und `%=`.

Besonders häufig ist es notwendig, den Wert einer Variablen um 1 zu erhöhen. Hierfür sind bereits zwei verschiedene Befehle bekannt:

`a = a + 1;` und `a += 1;`

Es gibt jedoch noch zwei weitere Möglichkeiten, die den Code noch etwas kürzer machen: `a++;` und `++a;` Diese werden als Inkrement-Operatoren bezeichnet.

Beide Alternativen haben beinahe die gleiche Funktionsweise: Sie erhöhen den Wert der Variablen um 1. Dass es aber dennoch einen kleinen Unterschied gibt, soll folgendes Programm verdeutlichen:

```
#include <iostream>

int main ()
{
    int a = 5, b, a1 = 5, b1;

    b = a++;
    std::cout << "a: " << a << std::endl;
    std::cout << "b: " << b << std::endl;

    b1 = ++a1;
    std::cout << "a1: " << a1 << std::endl;
    std::cout << "b1: " << b1 << std::endl;
}
```

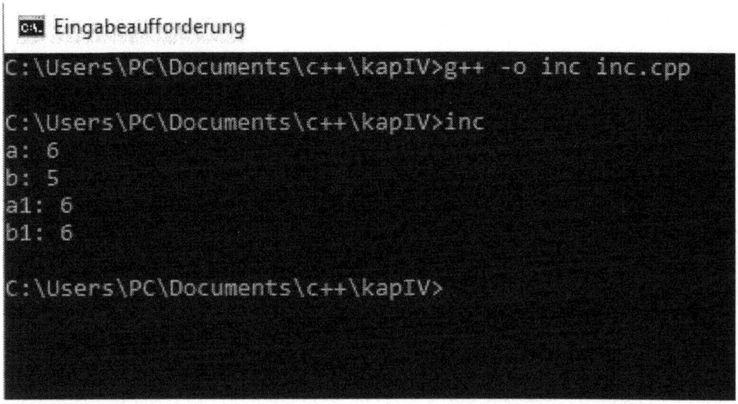

Screenshot 15 Die Verwendung des Inkrement-Operators

Dieses Programm erhöht nicht nur den Wert von `a` beziehungsweise von `a1`, sondern weist ihn gleichzeitig der Variablen `b` beziehungsweise `b1` zu. Wenn die Pluszeichen dem Variablennamen nachgestellt sind, findet die Erhöhung erst nach der Zuweisung statt. Deshalb erhält die Variable `b` den ursprünglichen Wert 5. Bei vorangestellten Pluszeichen erhöht das Programm hingegen zunächst den Wert, bevor es ihn der Variablen `b1` zuweist. Deshalb gibt diese bereits den erhöhten Wert – also die Zahl 6 – wieder.

Analog dazu ist es möglich, den Dekrement-Operator zu verwenden, um den Wert einer Zahl um 1 zu erniedrigen. Der Befehl hierfür lautet `a--;` beziehungsweise `--a;`

4.5 Arrays: Blöcke aus mehreren Variablen

Im Alltag ist es üblich, Daten in Listen zu notieren. Wenn beispielsweise ein Händler die Produkte erfasst, die er anbieten will, schreibt er diese nicht jeweils auf einen eigenen Zettel. Vielmehr erstellt er eine Liste, die alle Produkte umfasst. Das macht den Zusammenhang klar und sorgt außerdem für eine deutlich bessere Übersichtlichkeit.

C++ bietet ähnliche Möglichkeiten. Hierfür dienen Arrays. Dabei handelt es sich um Blöcke aus Variablen des gleichen Typs. Um die Funktionsweise zu erklären, soll das eben erwähnte Beispiel des Händlers dienen. Dieser verkauft Haushaltswaren und erstellt eine Liste mit seinen Angeboten. Wenn er diese in der analogen Welt anfertigt, gibt er ihr in der Regel eine Überschrift, um die Bedeutung klar zu machen. Analog dazu erhält das Array einen Namen. Dieser dient genau wie bei Variablen als eindeutige Bezeichnung. Darüber hinaus ist es bei Arrays notwendig, deren Größe bereits von Anfang an vorzugeben. Wenn das Array drei verschiedene Produkte enthalten soll, wäre folgende Deklaration notwendig:

```
std::string Produkte[3];
```

Zu Beginn ist der Variablentyp erforderlich. Da das Array in diesem Fall die Produktnamen aufnehmen soll, benötigt es die Bezeichnung `std::string`, um es als Zeichenketten-Array zu definieren. Für andere Inhalte sind selbstverständlich weitere Datentypen möglich – beispielsweise `int`, `double` oder `char`.

Nach der Bezeichnung des Datentyps folgt der Name des Arrays. Diesen kann der Programmierer nach den gleichen Regeln wie bei den Variablen selbst auswählen. Daran schließt sich eine eckige Klammer mit der Zahl der Felder an. Das reserviert den notwendigen Speicherplatz und macht außerdem erkenntlich, dass es sich hierbei um ein Array handelt.

Um auf die einzelnen Felder des Arrays zuzugreifen – beispielsweise um sie mit Inhalten zu füllen oder um die Werte abzurufen

– ist es notwendig den Namen des Arrays gefolgt von einer eckigen Klammer mit der entsprechenden Feldnummer anzugeben. Wenn es sich beim ersten Produkt um Messer handelt, ist folgender Befehl notwendig, um das Feld mit dem entsprechenden Inhalt zu füllen:

```
Produkte [0] = "Messer";
```

Dabei ist es wichtig, zu beachten, dass der Index stets bei 0 beginnt. Analog dazu lässt sich folgendes Programm erstellen, das das Array mit Inhalten füllt und diese anschließend auf dem Bildschirm ausgibt:


```
#include <iostream>
#include <string>

int main ()
{
    std::string Produkte[3];

    Produkte[0] = "Messer";
    Produkte[1] = "Teller";
    Produkte[2] = "Tasse";

    std::cout << Produkte[0] << std::endl;
    std::cout << Produkte[1] << std::endl;
    std::cout << Produkte[2] << std::endl;
}
```

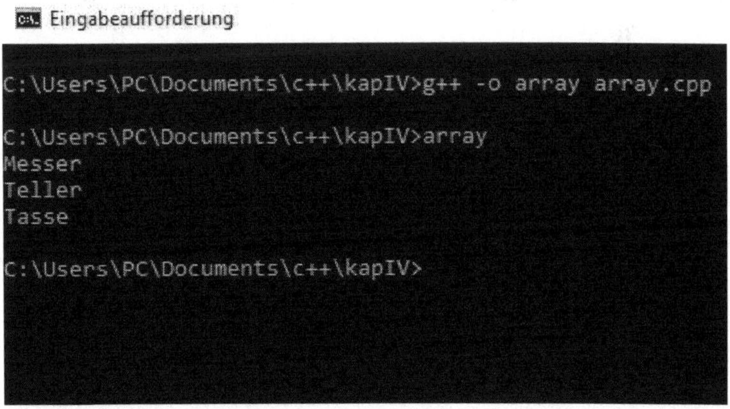

Screenshot 16 Die Ausgabe des Arrays

Häufig werden dem Array die Werte genau wie in diesem Beispiel direkt nach der Deklaration zugewiesen. Daher ist es möglich, diese beiden Schritte zusammenzufassen – ähnlich wie bei der Deklaration und der Wertzuweisung bei Variablen. Dazu ist es notwendig, die Werte mit einem Komma voneinander getrennt in einer geschweiften Klammer einzufügen. Folgendes Programm hat genau die gleiche Funktionsweise wie das vorherige Beispiel:

```
#include <iostream>
#include <string>

int main ()
{
    std::string Produkte[3] = {"Messer", "Teller", "Tasse"};
    std::cout << Produkte[0] << std::endl;
    std::cout << Produkte[1] << std::endl;
    std::cout << Produkte[2] << std::endl;
}
```

Nun will der Händler nicht nur die Namen der Produkte aufschreiben. Darüber hinaus will er deren Preise festhalten. Wenn er sein Angebot mit Papier und Bleistift erfasst, könnte er zu diesem Zweck eine Tabelle erstellen. Auch Arrays bieten hierfür eine Möglichkeit. Hierfür ist es notwendig, ein Array mit mehreren Dimensionen zu erstellen. Zu diesem Zweck ist es lediglich notwendig, bei der Deklaration eine zweite eckige Klammer mit der Anzahl der jeweiligen Felder einzufügen. Wenn neben dem Produktnamen noch der Preis angegeben werden soll, sind zwei Felder und demnach folgende Deklaration notwendig:

```
std::string Produkte[3][2];
```

Dabei ist es wichtig, zu beachten, dass es innerhalb eines Arrays nicht möglich ist, unterschiedliche Datentypen zu speichern. Obwohl es sich beim Preis um eine Zahl handelt, ist es daher notwendig, ihn als Zeichenkette und damit in Anführungszeichen anzugeben. Für die Ausgabe spielt dies keine Rolle. Allerdings gilt es zu beachten, dass auf diese Weise keine mathematischen Berechnungen möglich sind. Sollte dies erforderlich sein, wäre es zunächst notwendig, die Zeichenkette in eine Zahl umzuwandeln. Wie das geht, wird später in diesem Buch erklärt.

Der Zugriff auf die Felder eines mehrdimensionalen Arrays erfolgt über alle vorhandenen Indexnummern. Um das erste Feld zu füllen, wäre daher die Bezeichnung `Produkte[0][0]` notwendig. Entsprechend dieser Vorgehensweise ergibt sich folgendes Programm:

```
#include <iostream>
#include <string>
int main ()
{
    std::string Produkte[3][2];

    Produkte[0][0] = "Messer";
    Produkte[0][1] = "6.49";
    Produkte[1][0] = "Teller";
    Produkte[1][1] = "7.99";
    Produkte[2][0] = "Tasse";
    Produkte[2][1] = "2.29";

    std::cout << "Produkt: " << Produkte[0][0];
    std::cout << "  Preis: " << Produkte[0][1] << std::endl;
    std::cout << "Produkt: " << Produkte[1][0];
    std::cout << "  Preis: " << Produkte[1][1] << std::endl;
    std::cout << "Produkt: " << Produkte[2][0];
    std::cout << "  Preis: " << Produkte[2][1] << std::endl;
}
```

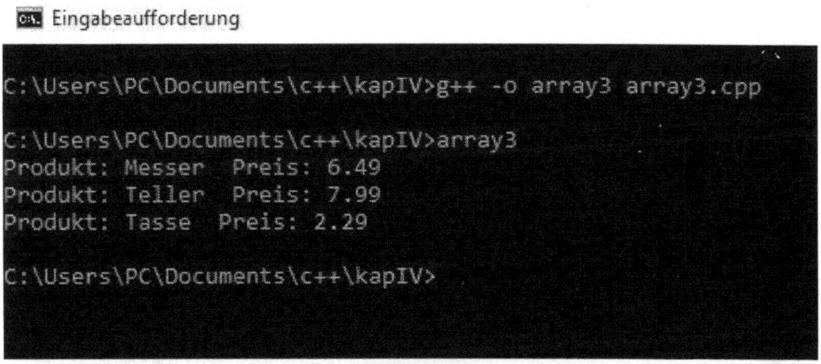

Screenshot 17 Die Ausgabe des mehrdimensionalen Arrays

Auch hierbei ist es wieder möglich, die Deklaration und die Wertzuweisung zusammenzufassen. Bei mehrdimensionalen Arrays ist es hierfür notwendig, innerhalb der geschweiften Klammern die zusammengehörigen Werte durch weitere geschweifte Klammern kenntlich zu machen:

```
#include <iostream>
#include <string>

int main ()
{
    std::string Produkte[3][2] = {{"Messer", "6.49"},
        {"Teller", "7.99"}, {"Tasse", "2.29"}};

    std::cout << "Produkt: " << Produkte[0][0];
    std::cout << "  Preis: " << Produkte[0][1] << std::endl;
    std::cout << "Produkt: " << Produkte[1][0];
    std::cout << "  Preis: " << Produkte[1][1] << std::endl;
    std::cout << "Produkt: " << Produkte[2][0];
    std::cout << "  Preis: " << Produkte[2][1] << std::endl;
}
```

4.6 Übungsaufgabe: Programme mit Variablen erstellen

1. Erstellen Sie ein Programm, mit den Integer-Variablen `a` und `b`, weisen Sie diesen jeweils einen bestimmten Wert zu und geben Sie diesen aus. Tauschen Sie daraufhin die Werte der beiden Variablen aus, sodass die Variable `a` den vorherigen Wert von `b` und `b` den vorherigen Wert von `a` annimmt. Hierfür ist eine zusätzliche Integer-Variable als Zwischenspeicher notwendig. Geben Sie nach dem Tausch die neuen Werte aus.

2. Erstellen Sie ein Programm mit den Integer-Variablen `a` und `b` und weisen Sie diesen beliebige Werte zu. Addieren Sie `a` und `b` und weisen Sie diesen Wert der Variablen a zu. Multiplizieren Sie den neuen Wert für `a` mit `b` und weisen Sie diesen erneut `a` zu und geben Sie den Wert von `a` auf dem Bildschirm aus. Erstellen Sie zwei verschiedene Lösungswege für die mathematischen Operationen.

3. Erstellen Sie eine Liste mit fünf Gästen, die Sie zu Ihrem nächsten Geburtstag einladen. Speichern Sie diese in einem mehrdimensionalen Array ab. Verwenden Sie für jeden Gast jeweils ein eigenes Feld für den Vornamen, den Nachnamen und für

die Telefonnummer. Geben Sie anschließend alle Felder aus, wobei jeder Gast in einer eigenen Zeile stehen soll, die alle Daten, die ihn betreffen, enthält.

Lösungen:

1.

```
#include <iostream>

int main ()
{
    int a = 3;
    int b = 5;
    int zwischenspeicher;

    std::cout << "a: " << a << std::endl;
    std::cout << "b: " << b << std::endl;

    zwischenspeicher = a;
    a = b;
    b = zwischenspeicher;

    std::cout << "Nach dem Wechsel: " << std::endl;
    std::cout << "a: " << a << std::endl;
    std::cout << "b: " << b << std::endl;
}
```

2.

```
#include <iostream>

int main ()
{
    int a = 3;
    int b = 5;

    a = a + b;
    a = a * b;

    std::cout <<"a: " << a;
}
```

oder:

```
#include <iostream>

int main ()
{
    int a = 3;
    int b = 5;
```

```
    a += b;
    a *= b;

    std::cout <<"a: " << a;

}
```

3.

```
#include <iostream>
#include <string>

int main ()
{
    std::string gaeste[5][3] = {{"Thomas", "Mayer",
    "1234234"}, {"Sebastian", "Maurer", "753254"},
    {"Franziska", "Schmidt", "126543"}, {"Michaela", "Mayer",
    "234534"}, {"Oliver", "Brandt", "865245"}};
    std::cout << gaeste[0][0] << " " << gaeste[0][1] << " "
    << gaeste[0][2]<<std::endl;
    std::cout << gaeste[1][0] << " " << gaeste[1][1] << " "
    << gaeste[1][2]<<std::endl;
    std::cout << gaeste[2][0] << " " << gaeste[2][1] << " "
    << gaeste[2][2]<<std::endl;
    std::cout << gaeste[3][0] << " " << gaeste[3][1] << " "
    << gaeste[3][2]<<std::endl;
    std::cout << gaeste[4][0] << " " << gaeste[4][1] << " "
    << gaeste[4][2]<<std::endl;
}
```

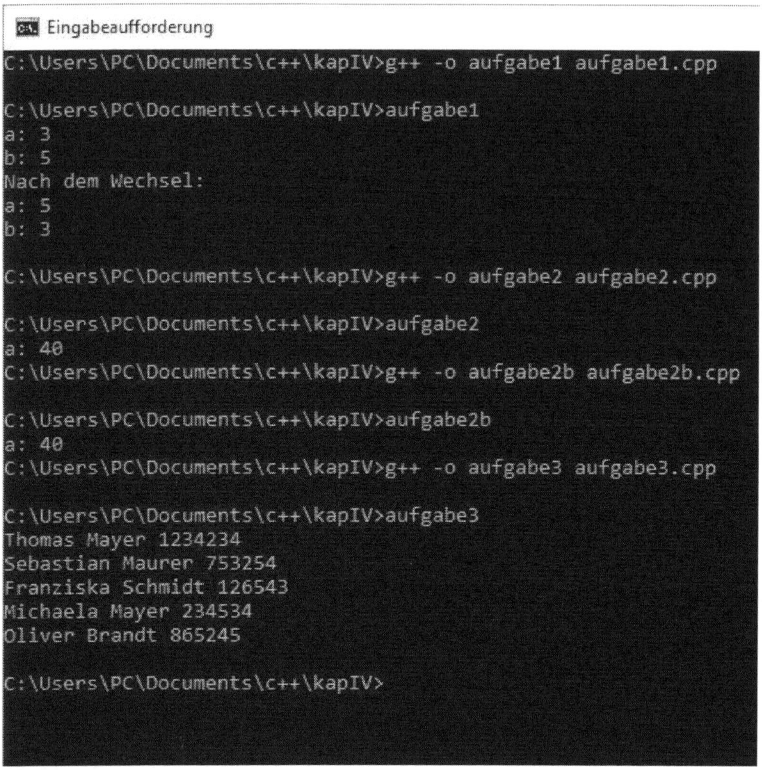

Screenshot 18 Die Ausgabe der drei Übungsaufgaben

Alle Programmcodes aus diesem Buch sind als PDF zum Download verfügbar. Dadurch müssen Sie sie nicht abtippen:
https://bmu-verlag.de/books/cpp_programmieren/

Außerdem erhalten Sie die eBook Ausgabe zum Buch im PDF Format kostenlos auf unserer Website:

https://bmu-verlag.de/books/cpp_programmieren/
Downloadcode: siehe Kapitel 15

Kapitel 5
Entweder oder: Entscheidungen im Programm treffen

Computerprogramme führen nicht nur Berechnungen durch. Im Gegensatz zu einfachen Rechnern können sie ihre auch Aktionen von bestimmten Bedingungen abhängig machen. Hierfür ist es notwendig, Entscheidungen zu treffen. Dazu dienen `if`-Abfragen. Diese stellen einen wesentlichen Bestandteil fast aller Programme dar. Daher ist es sehr wichtig, sie gut zu beherrschen. Das folgende Kapitel stellt vor, wie `if`-Abfragen aufgebaut und wie sie anzuwenden sind.

5.1 Verzweigungen mit einer if-Abfrage erstellen

Wenn man im Alltag eine Bedingung formuliert, verwendet man dafür in der Regel das Schlüsselwort "wenn". Die englische Übersetzung des Begriffs wenn lautet "if" und kommt in fast allen Computerprogrammen für die Entscheidungsfindung zum Einsatz. Die Struktur eine `if`-Abfrage sieht folgendermaßen aus:

```
if (Bedingung)
{
    Befehle
}
```

Nach dem Schlüsselbegriff `if` ist es zunächst notwendig, die Bedingung anzugeben. Um diese aufzustellen, gibt es viele verschiedene Möglichkeiten. Wie diese genau aussehen, wird in den folgenden Absätzen vorgestellt. Hinsichtlich der Struktur ist es lediglich notwendig, zu beachten, dass die Bedingung stets in einer runden Klammer stehen muss.

Danach folgt eine geschweifte Klammer. Diese wurde bereits beim Hauptprogramm verwendet, um den Anfang und das Ende der

Befehle zu kennzeichnen. Geschweifte Klammern dienen in C++ immer dazu, zusammengehörige Blöcke zu kennzeichnen. Diese Funktion erfüllen sie auch bei der `if`-Abfrage. Sie fassen alle Befehle zusammen, die zu diesem Programmteil gehören. Die Anzahl der Befehle, die innerhalb dieses Blocks steht, kann beliebig hoch sein. Der Inhalt wird nur dann ausgeführt, wenn die Bedingung zutrifft. Sollte sie hingegen nicht zutreffen, fährt das Programm mit dem ersten Befehl nach der schließenden geschweiften Klammer fort.

5.2 Vergleiche für das Aufstellen einer Bedingung

Im vorherigen Abschnitt wurde die grundlegende Struktur einer if-Abfrage vorgestellt. Allerdings wurde sie noch nicht in ein Programm eingebaut. Der Grund dafür liegt darin, dass noch ein entscheidendes Element fehlte: die Bedingung. Daher befassen sich die folgenden Absätze damit, wie diese aufgebaut sein muss.

Sehr häufig ist es notwendig, zu überprüfen, ob eine Variable einen bestimmten Wert aufweist. Dabei wäre es naheliegend einfach das Gleichheitszeichen zu verwenden, um zu überprüfen, ob die Werte identisch sind. Das ist allerdings nicht möglich. Im Kapitel 4 wurde bereits der Zuweisungsoperator vorgestellt, der das Gleichheitszeichen verwendet. Wenn nun zwei Werte mit dem gleichen Symbol überprüft würden, würde das Programm eine Zuweisung durchführen. Das ist jedoch nicht erwünscht. Aus diesem Grund ist es notwendig, für den Vergleichsoperator das doppelte Gleichheitszeichen zu verwenden. Wenn zum Beispiel überprüft werden soll, ob die Variable `a` den Wert 5 aufweist, wäre folgende Bedingung notwendig: `(a == 5)`. Die Funktionsweise soll folgendes Programm verdeutlichen:

```
#include <iostream>

int main ()
{
    int ergebnis;
    std::cout << "Was ist das Ergebnis aus 2 + 3?" << std::endl;
```

```
    std::cin >> ergebnis;
    if (ergebnis == 5)
    {
        std::cout << "Sie haben die Aufgabe richtig gel\224st.";
    }

}
```

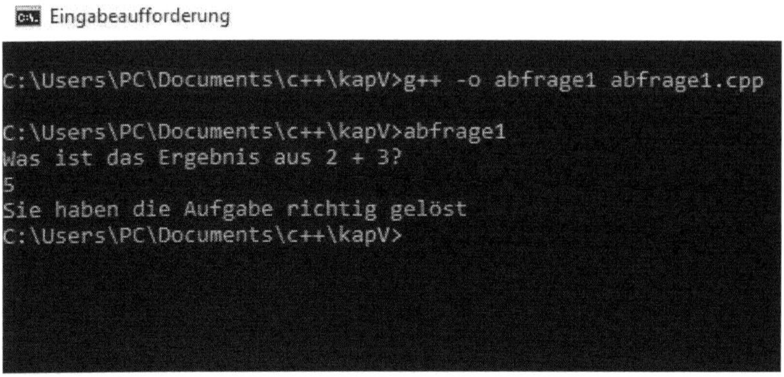

Screenshot 19 Die Ausgabe des Programms

Dieses Programm deklariert zunächst die Variable `ergebnis` und stellt anschließend dem Benutzer eine einfache Rechenaufgabe. Als Nächstes kommt ein neuer Befehl zum Einsatz, der bislang noch nicht verwendet wurde: std::cin. Dieser liest einen Wert ein, den der Anwender über den Kommandozeileninterpreter eingibt. Die Eingabe wird durch die doppelten Pfeile (>>) der Variablen `ergebnis` zugewiesen. Dabei ist es wichtig, zu beachten, dass sich deren Richtung im Vergleich zur Ausgabe umgedreht hat.

Danach folgt die `if`-Abfrage, die das eigentliche Thema dieses Kapitels darstellt. Wie bereits beschrieben, steht dabei die Bedingung innerhalb der Klammer. Sie überprüft, ob die Variable `ergebnis` den Wert 5 aufweist – also ob der Anwender die Rechenaufgabe richtig gelöst hat. Nur wenn dies zutrifft, führt das Programm den Inhalt in den geschweiften Klammern aus und zeigt daher die Erfolgsmeldung an. Wird hingegen ein falsches Ergebnis eingegeben, erfolgt keine weitere Aktion und das Programm wird beendet.

Dem Leser ist an dieser Stelle vielleicht aufgefallen, dass in der Erfolgsmeldung im Kommandozeileninterpreter das Wort "gelöst" angezeigt wird. Im Programmcode steht an dieser

Stelle jedoch "gel\224st". Das ist notwendig, da C++ Umlaute und andere Sonderzeichen nicht richtig verarbeiten kann. Wird im Programmcode der Buchstabe ö verwendet, erscheint die Zeichenfolge ├Â. Der Grund dafür besteht darin, dass C++ den ASCII-Zeichensatz verwendet, während die Konsole den ANSI-Zeichensatz nutzt. Daher werden Sonderzeichen nicht richtig dargestellt. Um dieses Problem zu umgehen, wurde im Ausgabetext direkt der entsprechende ANSI-Code für das ö eingefügt: \224. Die folgende Tabelle zeigt die wichtigsten Codes für eine korrekte Wiedergabe von Texten in deutscher Sprache:

Ä	\216
ä	\204
Ö	\231
ö	\224
Ü	\232
ü	\201
ß	\341

Nach diesem kurzen Exkurs ist es notwendig, sich wieder dem eigentlichen Thema zuzuwenden: den Bedingungen. Wenn das Programm mit unterschiedlichen Werten ausprobiert wurde, ist sicherlich aufgefallen, dass dabei nur eine Erfolgsmeldung ausgegeben wird, wenn der Anwender das richtige Ergebnis eingibt. Wenn er hingegen einen falschen Wert eintippt, erfolgt keine Nachricht. Das soll nun abgeändert werden.

Wenn das richtige Ergebnis 5 ist, bedeutet das, dass ein falsches Ergebnis entweder größer oder kleiner als fünf ist. Daher sollen zwei weitere `if`-Abfragen in das Programm eingebaut werden, die diese Werte überprüfen. Die Vergleichsoperatoren hierfür sind die Zeichen > und <:

```
#include <iostream>
int main ()
{
    int ergebnis;
    std::cout << "Was ist das Ergebnis aus 2 + 3?" << std::endl;
    std::cin >> ergebnis;
    if (ergebnis == 5)
    {
        std::cout << "Sie haben die Aufgabe richtig gel\224st.";
    }
    if (ergebnis > 5)
    {
        std::cout << "Falsches Ergebnis!";
    }
    if (ergebnis < 5)
    {
        std::cout << "Falsches Ergebnis!";
    }
}
```

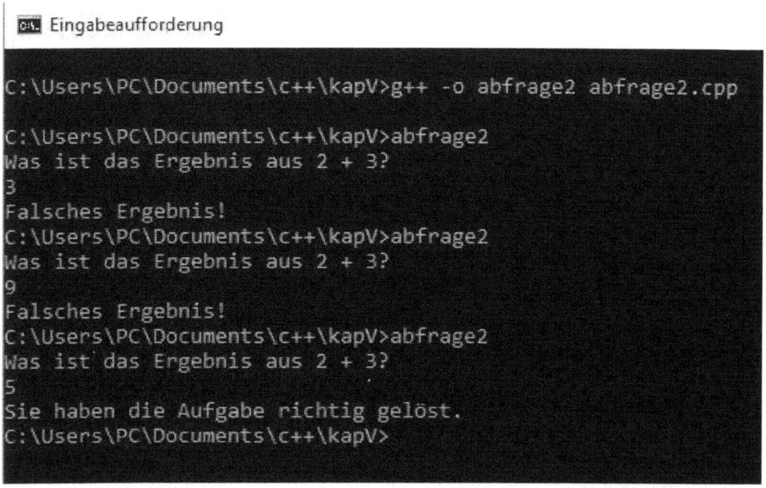

Screenshot 20 Die Ausführung des Programms mit richtigen und mit falschen Eingaben

Weitere Vergleichsoperatoren, die für die Aufstellung von Bedingungen infrage kommen, sind >= und <=. In diesen Fällen trifft die Bedingung zu, wenn der Wert größer oder gleich beziehungsweise kleiner oder gleich dem Vergleichswert ist. Hinzu kommt der Operator != für die Ungleichheit. In diesem Fall werden die Befehle nur dann ausgeführt, wenn die beiden Werte nicht identisch sind.

Anstatt eines Vergleichs ist es für die Bedingung auch möglich, eine boolesche Variable zu verwenden. Diese kann Wahrheitswerte annehmen: `true` und `false`. Die Werte lassen sich direkt zuweisen oder ebenfalls über Vergleiche errechnen. Die boolesche Variable wird direkt in die Klammer eingefügt. Anstatt des ersten Programms in diesem Absatz wäre es auch möglich, folgenden Code zu verwenden, ohne dass sich dabei die Funktionalität verändert:


```
#include <iostream>

int main ()
{
    int ergebnis;
    bool richtig;

    std::cout << "Was ist das Ergebnis aus 2 + 3?" << std::endl;
    std::cin >> ergebnis;
    richtig = (ergebnis == 5);
    if (richtig)
    {
        std::cout << "Sie haben die Aufgabe richtig gel\224st.";
    }
}
```

5.3 Mehrere Bedingungen miteinander verknüpfen

In vielen Fällen muss bei der `if`-Abfrage nicht nur eine Bedingung beachtet werden, sondern gleich mehrere. Auch hierfür bietet C++ die notwendigen Operatoren an. Ein Beispiel für eine derartige Anwendung kann das zweite Programm aus dem vorherigen Abschnitt dienen. Dabei wurden insgesamt drei `if`-Abfragen erstellt. Bei der zweiten und der dritten Abfrage wurde jedoch genau die gleiche Aktion durchgeführt. Daher ist es möglich, sie zusammenzufassen. Hierfür kommt das logische Oder (`||`) zum Einsatz:

```
#include <iostream>

int main ()
{
```

```
    int ergebnis;
    std::cout << "Was ist das Ergebnis aus 2 + 3?" << std::endl;
    std::cin >> ergebnis;
    if (ergebnis == 5)
    {
        std::cout << "Sie haben die Aufgabe richtig gel\224st.";
    }
    if ((ergebnis > 5) || (ergebnis < 5))
    {
        std::cout << "Falsches Ergebnis!";
    }
}
```

Auf diese Weise wird der Programmcode deutlich übersichtlicher, während sich die Funktionsweise nicht ändert. Die Bedingung trifft in diesem Fall zu, wenn entweder die erste oder die zweite Teilbedingung erfüllt wird. Auch wenn beide gleichzeitig erfüllt sind (was in diesem Fall jedoch aus logischen Gründen ausgeschlossen ist), führt dieser Operator dazu, dass der Inhalt der Schleife ausgeführt wird. Wichtig ist es hierbei, die beiden Teilbedingungen jeweils in Klammern zu setzen.

Darüber hinaus gibt es einen Operator für das logische Und. Dieser gibt ein positives Ergebnis zurück, wenn beide Bedingungen zutreffen. Um die Funktionsweise zu verdeutlichen, soll das bisherige Programm um eine weitere Rechenaufgabe ergänzt werden. Nur wenn beide Ergebnisse richtig sind, soll eine Erfolgsmeldung erscheinen:

```
#include <iostream>

int main ()
{
    int ergebnis1, ergebnis2;
    std::cout << "Was ist das Ergebnis aus 2 + 3?" << std::endl;
    std::cin >> ergebnis1;
    std::cout << "Was ist das Ergebnis aus 6 + 7?" << std::endl;
    std::cin >> ergebnis2;
    if ((ergebnis1 == 5) && (ergebnis2 == 13))
    {
        std::cout << "Sie haben die Aufgabe richtig gel\224st.";
    }
}
```

Bei diesem Programm tritt wieder das Problem auf, dass keine Ausgabe erfolgt, wenn der Anwender ein falsches Ergebnis eingegeben hat. Das soll nun nachgeholt werden. Hierfür gibt es mehrere Möglichkeiten, von denen einige mit den bisherigen Kenntnissen bereits angewendet werden können (beispielsweise wäre als Bedingung `((ergebnis1 != 5) || (ergebnis2 != 13))` möglich). Besonders einfach ist es jedoch, den gesamten Ausdruck zu verneinen. Dazu ist es lediglich notwendig, ihn in eine Klammer zu setzen und das Ausrufezeichen – die logische Verneinung – voranzustellen:


```
#include <iostream>

int main ()
{
    int ergebnis1, ergebnis2;
    std::cout << "Was ist das Ergebnis aus 2 + 3?" << std::endl;
    std::cin >> ergebnis1;
    std::cout << "Was ist das Ergebnis aus 6 + 7?" << std::endl;
    std::cin >> ergebnis2;

    if ((ergebnis1 == 5) && (ergebnis2 == 13))
    {
        std::cout << "Sie haben die Aufgabe richtig gel\224st.";
    }
    if (!((ergebnis1 == 5) && (ergebnis2 == 13)))
    {
        std::cout << "Falsches Ergebnis!";
    }
}
```

Eingabeaufforderung

```
C:\Users\PC\Documents\c++\kapV>g++ -o abfrage6 abfrage6.cpp

C:\Users\PC\Documents\c++\kapV>abfrage6
Was ist das Ergebnis aus 2 + 3?
5
Was ist das Ergebnis aus 6 + 7?
13
Sie haben die Aufgabe richtig gelöst.
C:\Users\PC\Documents\c++\kapV>abfrage6
Was ist das Ergebnis aus 2 + 3?
3
Was ist das Ergebnis aus 6 + 7?
13
Falsches Ergebnis!
C:\Users\PC\Documents\c++\kapV>abfrage6
Was ist das Ergebnis aus 2 + 3?
5
Was ist das Ergebnis aus 6 + 7?
22
Falsches Ergebnis!
C:\Users\PC\Documents\c++\kapV>abfrage6
Was ist das Ergebnis aus 2 + 3?
65
Was ist das Ergebnis aus 6 + 7?
12
Falsches Ergebnis!
C:\Users\PC\Documents\c++\kapV>
```

Screenshot 21 Die Ausführung des Programms mit unterschiedlichen Eingaben

5.4 Alternativen für die Ausführung mit else einfügen

Bereits in den bisherigen Programmen kam es mehrmals vor, dass das Programm zwei verschiedene Befehlsblöcke ausführen sollte – je nachdem, ob eine bestimmte Bedingung zutrifft oder nicht. Am Anfang wurden hierfür recht umständliche Verfahren gewählt, indem für unterschiedliche Bereiche jeweils eine passende Bedingung aufgestellt wurde. Auf diese Weise sind jedoch mehrere `if`-Abfragen notwendig. Mit den Und- und Oder-Operatoren war es bereits möglich, mehrere Bedingungen zusammenzufassen, damit nur noch zwei verschiedene if-Abfragen notwendig waren. Schließlich wurde die Negation eingeführt. Diese machte es ganz einfach, die zweite Bedingung zu formulieren – einfach als Negation der ersten Bedingung.

Auf diese Weise wurde das Programm bereits stark vereinfacht. Da derartige Konstruktionen jedoch ausgesprochen häufig vorkommen, gibt es in C++ noch eine weitere Möglichkeit dafür: die Verwendung des Schlüsselbegriffs else. Die Struktur sieht damit folgendermaßen aus:


```
if (Bedingung)
{
    Befehle
}
else
{
    andere Befehle
}
```

Die Struktur der if-Abfrage bleibt dabei genau gleich wie bisher. Nach dem Ende der geschweiften Klammer schließt sich der Begriff else an. Danach folgt eine weitere geschweifte Klammer, in der andere Befehle stehen. Dieser Block wird nur dann ausgeführt, wenn die Bedingung der ersten if-Abfrage nicht zutrifft. Das bedeutet, dass einer der beiden Blöcke auf jeden Fall ausgeführt wird. Wenn man nun das Programm mit der Rechenaufgabe mit einer else-Verzweigung schreibt, ergibt sich folgender Code:

```
#include <iostream>
int main ()
{
    int ergebnis;
    std::cout << "Was ist das Ergebnis aus 2 + 3?" << std::endl;
    std::cin >> ergebnis;
    if (ergebnis == 5)
    {
        std::cout << "Sie haben die Aufgabe richtig gel\224st.";
    }
    else
    {
        std::cout << "Falsches Ergebnis!";
    }
}
```

Die Funktionsweise bleibt dabei die gleiche. Allerdings ist der Programmcode auf diese Weise übersichtlicher und leichter zu verstehen.

Es gibt auch Fälle, in denen drei oder mehr verschiedene Möglichkeiten bestehen. Als Beispiel hierfür soll ein Warenlager dienen. Der Händler möchte ein Programm verwenden, das seine Bestände abfragt. Diese sind in einem Array abgespeichert. Als Zugriff soll die Artikelnummer dienen, die in diesem Beispiel der Einfachheit halber der Indexnummer des Arrays entspricht.

Das Programm soll danach überprüfen, wie viele Artikel des entsprechenden Produkts noch verfügbar sind. Wenn keine Waren mehr enthalten sind, soll es eine Warnmeldung ausgeben. Falls weniger als zehn Artikel verfügbar sind, soll es den Händler dazu auffordern, die Waren nachzubestellen. Sollten zehn oder mehr Produkte verfügbar sein, soll das Programm einfach die Anzahl ausgeben:

```
#include <iostream>

int main ()
{
    int bestand[3] {5, 14, 0};
    int eingabe;

    std::cout << "Bitte Artikelnummer eingeben: ";
    std::cin >> eingabe;
    if (bestand[eingabe] == 0)
    {
        std::cout << "Achtung: Keine Waren verf\201gbar.";
    }
    else if ((bestand[eingabe]) > 0 && (bestand[eingabe] <= 10))
    {
        std::cout << "Nur noch " << bestand[eingabe]
        << " Produkte verf\201gbar." << std::endl;
        std::cout << "Bitte umgehend nachbestellen!";
    }
    else
    {
        std::cout << "Es sind noch " << bestand[eingabe]
        << " Produkte vorr\204tig";
    }
}
```

Die erste Bedingung entspricht den bisherigen `if`-Abfragen und bedarf keiner weiteren Erklärung. Danach folgen die beiden Schlüsselbegriffe `if` und `else` und danach wird eine neue Klammer geöffnet. Die Befehle darin werden nur dann ausgeführt, wenn die zweite Bedingung zutrifft, die erste hingegen nicht. Am Schluss steht wieder der Begriff `else`. Das Programm führt den daran anschließenden Block nur dann aus, wenn weder die erste noch die zweite Bedingung zutrifft.

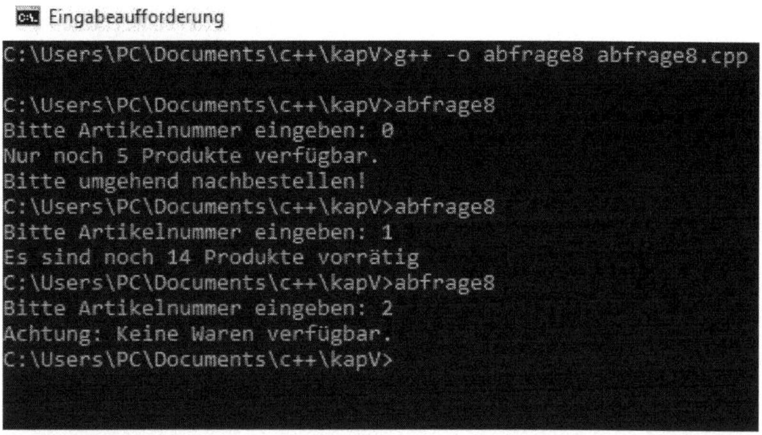

Screenshot 22 Die Ausgabe für die unterschiedlichen Artikel

Der zusammengesetzte Ausdruck `else if` verbindet die einzelnen Abfragen miteinander. Das stellt sicher, dass von allen möglichen Optionen genau eine einzige ausgeführt wird. Auf diese Weise ist es möglich, beliebig viele Abfragen mit unterschiedlichen Bedingungen miteinander zu kombinieren.

5.5 Übungsaufgabe: Abfragen und Verzweigungen verwenden

1. Im soeben gestalteten Programm kann der Nutzer beliebige Werte für den Index des Arrays eingeben. Wenn diese jedoch außerhalb des Bereichs von 0 bis 2 liegt, greift das Programm auf einen Speicherplatz außerhalb des Arrays zu und

gibt daher ein willkürliches Ergebnis aus. In diesem Fall wäre das nicht besonders schlimm, da die Werte nur ausgelesen werden. Wenn jedoch neue Werte in diesen Bereich geschrieben werden, kann dies die Ausführung des Programms oder anderer Software beeinträchtigen. Aus diesem Grund ist es sinnvoll, bei Nutzer-Eingaben, die als Grundlage für den Zugriff auf ein Array dienen, den Wertebereich zu überprüfen. Fügen Sie daher eine weitere `if`-Abfrage ein, die dafür sorgt, dass die entsprechenden Befehle nur dann ausgeführt werden, wenn die Eingabe innerhalb des Wertebereichs liegt. Geben Sie eine Fehlermeldung aus, sollte dies nicht der Fall sein.

2. Eine weitere Funktion des Programms für das Warenlager soll dazu dienen, Bestellungen entgegenzunehmen. Es soll neben der Artikelnummer auch die gewünschte Bestellmenge abfragen. Schreiben Sie ein Programm, das eine Erfolgsmeldung ausgibt und die entsprechende Menge vom Bestand abzieht, wenn genügend Artikel vorrätig sind. Sollten noch einige Produkte verfügbar sein, allerdings weniger, als die gewünschte Bestellmenge, soll das Programm den Anwender fragen, ob er die verfügbaren Produkte bestellen oder ob er den Vorgang beenden will. Entscheidet er sich für die erste Alternative, soll eine Erfolgsmeldung erstellt und der Bestand auf 0 gesetzt werden. Geben Sie eine passende Meldung aus, falls überhaupt keine Artikel mehr verfügbar sind.

Lösungen:

1.

```
#include <iostream>
int main ()
{
    int bestand[3] {5, 14, 0};
    int eingabe;

    std::cout << "Bitte Artikelnummer eingeben: ";
    std::cin >> eingabe;
    if ((eingabe >= 0) && (eingabe <=2))
    {
        if (bestand[eingabe] == 0)
        {
            std::cout << "Achtung: Keine Waren verf\201gbar.";
        }
        else if ((bestand[eingabe]) > 0 &&
        (bestand[eingabe] <= 10))
        {
            std::cout << "Nur noch " <<
            bestand[eingabe]<< " Produkte
            verf\201gbar." << std::endl;
            std::cout << "Bitte umgehend
            nachbestellen!";
        }
        else
        {
            std::cout << "Es sind noch " <<
            bestand[eingabe]<< " Produkte
            vorr\204tig";
        }
    }
    else
    {
        std::cout << "Falsche Artikelnummer";
    }
}
```

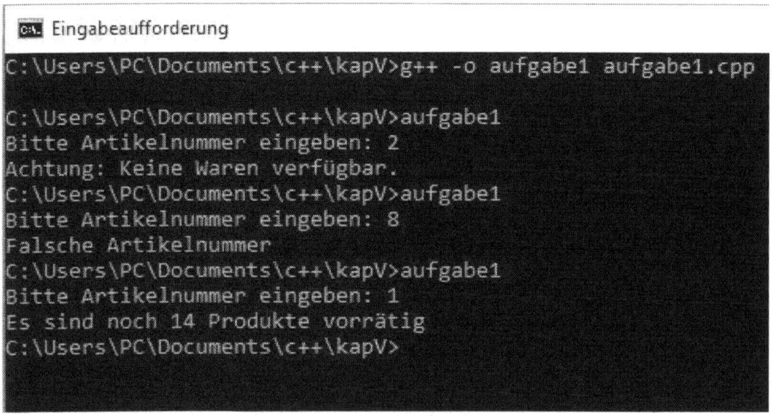

Screenshot 23 Die Eingabe innerhalb und außerhalb des Wertebereichs

2.

```
#include <iostream>

int main ()
{
    int bestand[3] {5, 14, 0};
    int eingabe, bestellmenge;
    char antwort;

    std::cout << "Bitte Artikelnummer eingeben: ";
    std::cin >> eingabe;
    std::cout << "Gew\201nschte Anzahl: ";
    std::cin >> bestellmenge;
    if ((eingabe >= 0) && (eingabe <=2))
    {
        if (bestand[eingabe] == 0)
        {
            std::cout << "Achtung: Keine Waren verf\201gbar.";
            std::cout << "Bestellung kann nicht
            ausgef\201hrt werden.";
        }
        else if ((bestand[eingabe]) > 0 &&
        (bestand[eingabe] < bestellmenge))
        {
            std::cout << "Es sind nur noch " <<
            bestand[eingabe] << " Produkte
            verf\201gbar." << std::endl;
            std::cout << "M\224chten Sie die
```

```
            verf\201gbaren Produkte bestellen?
            (j/n)"<< std::endl;
            std::cin >> antwort;
            if (antwort == 'j')
            {
                std::cout << "Die Bestellung wird ausgf\201hrt";
                bestand[eingabe] = 0;
            }
            else
            {
                std::cout << "Bestellung abgebrochen";
            }
        }
        else
        {
            std::cout << "Die Bestellung wird ausgef\201hrt.";
            bestand[eingabe] -= bestellmenge;
        }
    }
    else
    {
        std::cout << "Falsche Artikelnummer";
    }
}
```


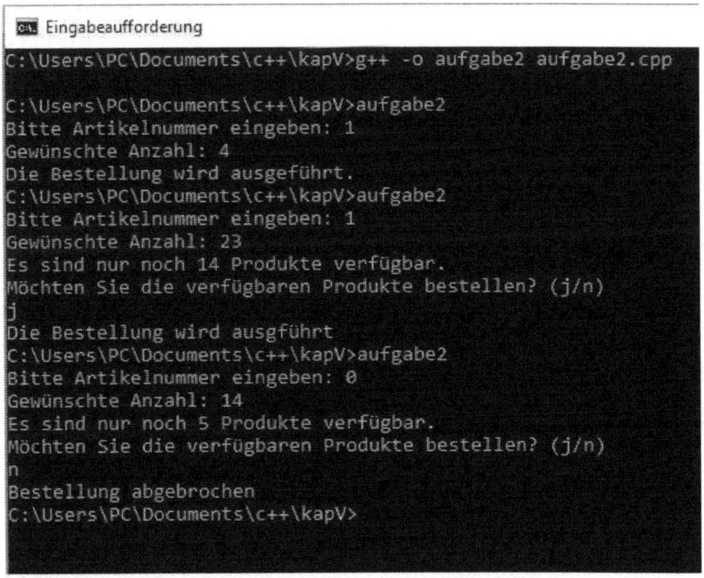

Screenshot 24 Die Ausführung des Programms mit unterschiedlichen Eingaben

Alle Programmcodes aus diesem Buch sind als PDF zum Download verfügbar. Dadurch müssen Sie sie nicht abtippen:
https://bmu-verlag.de/books/cpp_programmieren/

Außerdem erhalten Sie die eBook Ausgabe zum Buch im PDF Format kostenlos auf unserer Website:

https://bmu-verlag.de/books/cpp_programmieren/
Downloadcode: siehe Kapitel 15

Kapitel 6

Befehle wiederholen: mit Schleifen arbeiten

Computer können im Vergleich zum Menschen nur relativ einfache Berechnungen durchführen. Dabei handelt es sich im Wesentlichen um die Grundrechenarten, die wohl jeder Leser ebenfalls problemlos beherrscht. Der große Vorteil besteht jedoch darin, dass sie diese Aufgaben mit einer enormen Geschwindigkeit durchführen. Das ist nicht nur von großem Vorteil, wenn es darum geht, viele einfache Aufgaben hintereinander zu erledigen. Darüber hinaus lassen sich durch einfache Berechnungen mit vielen Abfolgen auch komplizierte Aufgaben – zumindest durch eine sehr präzise Näherung – lösen. Um diesen Vorteil zu nutzen, ist es jedoch nicht sinnvoll, jeden einzelnen Befehl in das Programm zu schreiben. Vielmehr ist es erforderlich, diese automatisch zu wiederholen. Zu diesem Zweck dienen Schleifen.

6.1 While-Schleifen: die Grundform aller Schleifen

Um zu verdeutlichen, wie schnell ein Computer seine Aufgaben erledigt, ist es sinnvoll, sich zu überlegen, wie lange man benötigen würde, um alle Zahlen von 1 bis 1.000.000 niederzuschreiben. Selbst wenn man davon ausgeht, dass man pro Sekunde eine Zahl schreiben kann – was freilich bei größeren Zahlen unrealistisch ist – würde man für diese Aufgabe rund 11,5 Tage benötigen. Wenn man außerdem berücksichtigt, dass zwischendurch auch einmal die eine oder andere Pause notwendig ist, wäre man damit unter realen Bedingungen wahrscheinlich mehrere Monate beschäftigt. Folgendes Programm übernimmt die gleiche Aufgabe:

```
#include <iostream>

int main ()
{
    int i = 1;
    while (i <= 1000000)
    {
        std::cout << i << std::endl;
        i++;
    }
}
```

Wenn man dieses ausführt, ist der Rechner ebenfalls mehrere Minuten beschäftigt. Dennoch wird deutlich, wie groß der Zeitunterschied ist. Darüber hinaus ist auffällig, dass das Programm trotz der riesigen Aufgabe, die es zu bewältigen hat, nur aus wenigen Zeilen besteht. Das liegt daran, dass hierfür eine Schleife verwendet wurde die die Befehle automatisch wiederholt. Dieses Anwendungsbeispiel zeigt deutlich, welchen enormen Nutzen Schleifen für ein Computerprogramm haben und welche Effizienz sie mit sich bringen.

Für dieses Programm kam eine `while`-Schleife zum Einsatz. Diese ist ganz ähnlich aufgebaut wie eine `if`-Abfrage:

```
while (Bedingung)
{
    Befehle
}
```

Wenn eine derartige Schleife in einem Programm auftaucht, überprüft das Programm, ob die Bedingung erfüllt ist. Trifft dies zu, führt es die Befehle im Körper der Schleife aus. Sollte dies hingegen nicht der Fall sein, fährt es mit den Aufgaben nach der geschweiften Klammer fort. Soweit ist die Funktionsweise identisch zur `if`-Abfrage. Allerdings gibt es einen wichtigen Unterschied: Nachdem die Befehle ausgeführt wurden, springt das Programm bei der Verwendung einer Schleife wieder zum Beginn zurück und überprüft die Bedingung erneut. Wenn sie nach wie vor zutrifft, führt es die Befehle erneut aus. Sollte sie inzwischen jedoch nicht mehr zutreffen, bricht es die Schleife ab und fährt mit dem weiteren Programm fort.

Ein wichtiger Punkt bei der Verwendung von Schleifen besteht darin, dass bei mindestens einer der Variablen, die für die Bedingung zum Einsatz kommen, innerhalb des Schleifenkörpers eine Änderung möglich sein muss, die dazu führen kann, dass die Bedingung nicht mehr erfüllt ist. Ist dies nicht der Fall, bleibt das Ergebnis der Überprüfung der Bedingung stets das gleiche. Das würde bedeuten, dass wenn sie zu Beginn der Schleife erfüllt ist, sie auch bei allen weiteren Durchgängen erfüllt ist. Das führt zu einer Endlosschleife, die sich nicht mehr beenden lässt.

Im Beispielprogramm ist diese Anforderung erfüllt. Die Variable `i` kommt in der Bedingung zum Einsatz. Außerdem wird sie im Schleifenkörper bei jedem Durchgang um 1 erhöht. Das führt zwangsläufig dazu, dass sie nach einer bestimmten Anzahl von Durchgängen die gegebene Obergrenze erreicht. Dadurch ist die Bedingung nicht mehr erfüllt und die Schleife wird beendet.

Dabei ist es nicht notwendig, dass die Schleife zu einem bestimmten Zeitpunkt automatisch beendet wird. Es ist auch möglich, dass dies von den Nutzereingaben gesteuert wird. Das soll folgendes kleines Rechenprogramm verdeutlichen:

```
#include <iostream>
int main ()
{
    int a, b;
    char beenden = 'j';

    while (beenden == 'j')
    {
        std::cout << "Geben Sie den ersten Wert ein: ";
        std::cin >> a;
        std::cout << "Geben Sie den zweiten Wert ein: ";
        std::cin >> b;
        std::cout << "Das Ergebnis aus " << a << " + "
        << b << " ist " << a+b << "." << std::endl;
        std::cout << "M\224chten Sie fortfahren?(j/n) ";
        std::cin >> beenden;
    }
}
```

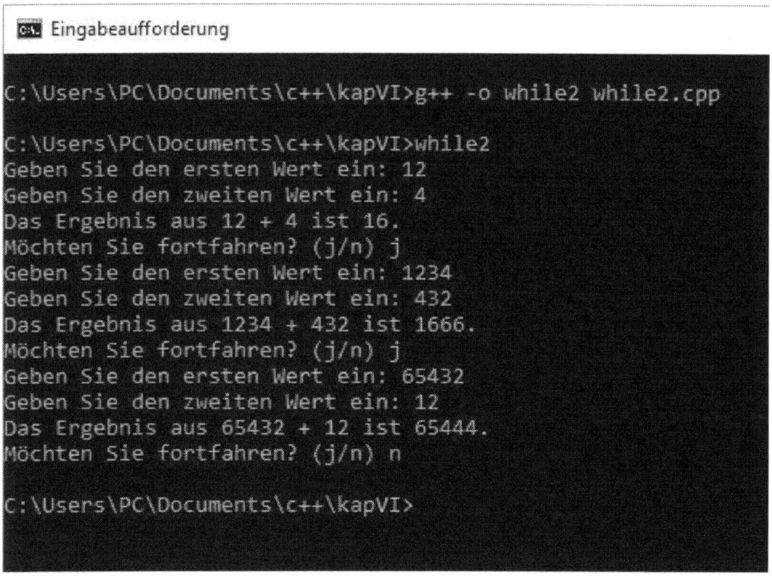

Screenshot 25 Der Nutzer bestimmt durch seine Eingaben selbst, wie oft die Schleife ausgeführt wird.

Solange der Nutzer den Buchstaben `j` eingibt, wird die Schleife wiederholt und er kann weitere Berechnungen durchführen. Erst wenn er alle Aufgaben erledigt hat und `n` eingibt, wird die Schleife und damit das Programm beendet.

6.2 Do-while: Bedingungen am Ende der Schleife vorgeben

Neben der `while`-Schleife gibt es noch eine weitere Möglichkeit, um Befehle mehrmals zu wiederholen: die `do-while`-Schleife. Diese unterscheidet sich von der `while`-Schleife in erster Linie dadurch, dass die Bedingung hierbei erst nach dem Schleifenkörper steht. Das führt zu folgender Struktur:

```
do
{
    Befehle
}
while (Bedingung);
```

Hierbei ist es wichtig, zu beachten, dass im Gegensatz zur `while`-Schleife nach der Bedingung ein Semikolon stehen muss. In vielen Fällen ist die Funktionsweise dieser Schleife genau die gleiche wie bei der `while`-Schleife. Allerdings ergibt sich aus der unterschiedlichen Struktur ein Unterschied, der auch den Ablauf des Programms beeinflusst. Bei der `while`-Schleife wird die Bedingung zu Beginn geprüft. Ist sie von Anfang an nicht erfüllt, wird der Inhalt kein einziges Mal ausgeführt. Bei der `do-while`-Schleife steht der Körper hingegen vor der Bedingung. Daher werden die darin enthaltenen Befehle immer mindestens einmal ausgeführt – auch wenn die Bedingung bereits zu Beginn nicht erfüllt ist. Die folgenden Programme sollen den Unterschied verdeutlichen:


```
#include <iostream>

int main ()
{
    int anzahl, i = 1;
    std::cout<<"Wie viele Werte m\224chten Sie eingeben?";
    std::cin >> anzahl;
    int array[anzahl];

    while (i <= anzahl)
    {
        std::cout << "Geben Sie den " << i <<". Wert ein: ";
        std::cin >> array[i-1];
        i++;
    }
}
```

und

```
#include <iostream>

int main ()
{
    int anzahl, i = 1;
    std::cout<<"Wie viele Werte m\224chten Sie eingeben?";
    std::cin >> anzahl;
    int array[anzahl];
    do
    {
        std::cout << "Geben Sie den " << i <<". Wert ein: ";
        std::cin >> array[i-1];
        i++;
```

```
    }
    while (i <= anzahl);
}
```

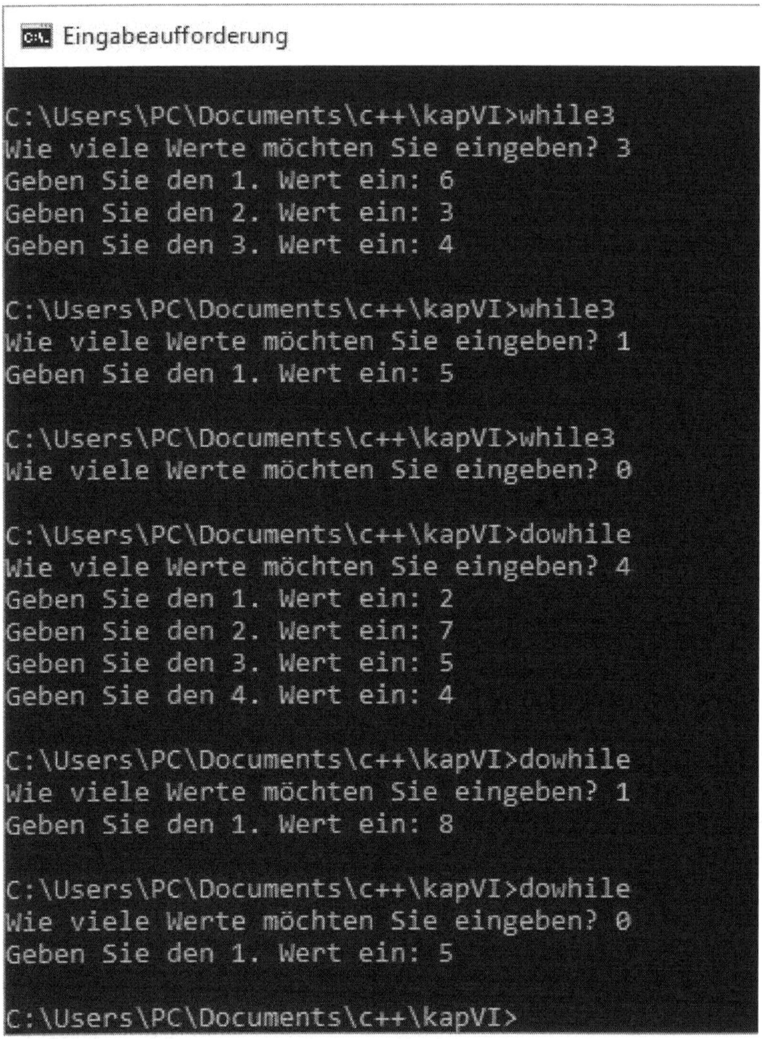

Screenshot 26 Die Ausführung der beiden Programme mit unterschiedlichen Werten

Beide Programme fordern den Anwender auf, eine Zahl einzugeben und erstellen daraufhin ein Array mit der entsprechenden

Anzahl an Feldern. Anschließend muss der Anwender für jedes Feld eine passende Zahl eingeben. Die Ausführung läuft dabei in der Regel vollkommen identisch ab. Allerdings gibt es einen wichtigen Unterschied. Wenn der Anwender bei der gewünschten Anzahl der Felder den Wert 0 eingibt, wird die `while`-Schleife kein einziges Mal ausgeführt. Das entspricht dem gewünschten Verhalten. Bei der `do-while`-Schleife hingegen wird der Körper dennoch einmal ausgeführt. Das ist nicht nur unlogisch. Darüber hinaus wird ein Wert in einem Arrayfeld abgelegt, das eigentlich nicht existiert. Das führt zu einer unerwünschten Manipulation des Arbeitsspeichers, die sogar Auswirkungen auf die Ausführung anderer Programme haben könnte. Dieses kleine Beispiel zeigt, dass es sehr wichtig ist, sich gut zu überlegen, welche der beiden Schleifen sinnvoll für das entsprechende Programm ist. Insbesondere wenn die Bedingung von Eingaben des Anwenders abhängt, ist es unbedingt notwendig, das Verhalten mit allen möglichen Werten auszuprobieren.

6.3 For-Schleifen für eine feste Anzahl an Durchläufen

Sehr viele Schleifen müssen eine ganz bestimmte Zahl an Durchläufen absolvieren. Diese ist bereits vor der ersten Ausführung vorgegeben und hängt nicht von den Berechnungen innerhalb der Schleife ab. Bereits die erste `while`-Schleife im Kapitel 6.1 ist ein Beispiel hierfür. Wenn man hier eine `while`-Schleife verwendet, ist dies recht umständlich. Dafür muss zunächst vor dem Beginn der Schleife eine Variable als Zähler deklariert und mit einem Anfangswert versehen werden. Danach muss diese Variable innerhalb der Bedingung mit der gewünschten Anzahl an Durchläufen verglichen werden. Anschließend ist es im Schleifenkörper bei jedem Durchgang notwendig, den Zähler zu erhöhen. Da derartige Schleifen sehr häufig sind, wurde hierfür eine kürzere Form eingeführt: die `for`-Schleife. Deren Struktur sieht wie folgt aus:

```
for (Deklaration und Initialisierung; Vergleich; Wertänderung)
{
    Befehle
}
```

Das folgende Programm soll die gleiche Aufgabe erfüllen, wie die genannte `while`-Schleife in Kapitel 6.1. Um die Ausführungsdauer zu reduzieren, soll die Anzahl der Durchläufe jedoch von 1.000.000 auf 10 reduziert werden.

```
#include <iostream>

int main ()
{
    for (int i = 1; i <= 10; ++i)
    {
        std::cout << i << std::endl;
    }
}
```

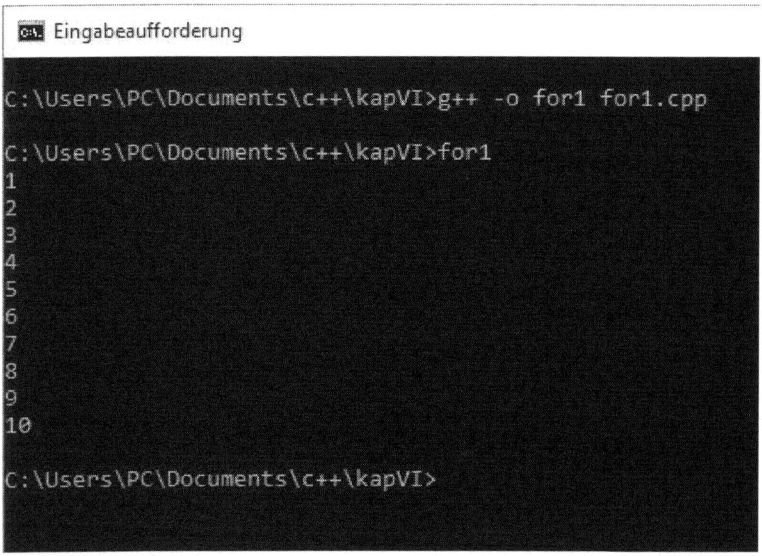

Screenshot 27 Die Ausführung der for-Schleife

Der Programmcode ist hierbei nicht nur deutlich kürzer als bei der Verwendung einer `while`-Schleife. Darüber hinaus zeigt die Verwendung der `for`-Schleife auf den ersten Blick an, dass es sich hierbei um eine Schleife mit einer festen Anzahl an Durchläufen handelt.

6.4 For-each: spezielle Schleifen für die Arbeit mit Arrays

In einigen Programmen wurden bereits Arrays verwendet. Dabei war es mehrmals notwendig, den gesamten Inhalt auszugeben. Diese Aufgabe war bisher recht umständlich, da für jedes einzelne Array-Feld ein eigener Befehl notwendig war. Mit Schleifen geht diese Aufgabe jedoch deutlich einfacher. Um dies zu demonstrieren, soll das Programm aus Kapitel 4.5 so abgeändert werden, dass es das Array mit einer `for`-Schleife ausgibt:

```
#include <iostream>
#include <string>

int main ()
{
    std::string Produkte[3];

    Produkte[0] = "Messer";
    Produkte[1] = "Teller";
    Produkte[2] = "Tasse";

    for (int i = 0; i < 3; i++)
    {
        std::cout << Produkte[i] << std::endl;
    }

}
```


Diese Form ist bereits deutlich weniger aufwendig als die Ausgabe mittels einzelner Befehle für jedes Feld. Allerdings ist es hierbei notwendig, die Länge des Arrays zu kennen. Wenn die Länge des Arrays, das ausgegeben werden soll, erst während der Ausführung des Programms definiert wird, kann das zusätzliche Probleme hervorrufen. Zwar gibt es eine Funktion, um diesen Wert abzurufen, doch bringt dies zusätzlichen Aufwand mit sich. Doch gibt es noch eine einfachere Lösung: die `for-each`-Schleife. Diese führt für jedes Feld des Arrays einen Durchgang aus – unabhängig von dessen Länge. Dafür muss in der Bedingung zunächst eine Variable deklariert werden. Diese muss vom gleichen Typ wie das Array sein, da sie den Wert des entsprechenden Feldes aufnimmt. Nach einem Doppelpunkt folgt dann der Name des Arrays. Während des Durchlaufs wird auf das Feld über die soeben deklarierte Variable zugegriffen – nicht über die Indexnummer des Arrays. Um das eben erstellte Programm mit einer for-each-Schleife zu gestalten, ist folgender Code notwendig:

```
#include <iostream>
#include <string>

int main ()
{
    std::string Produkte[3];

    Produkte[0] = "Messer";
    Produkte[1] = "Teller";
    Produkte[2] = "Tasse";

    for (std::string inhalt : Produkte)
    {
        std::cout << inhalt << std::endl;
    }
}
```

Die for-each-Schleife erlaubt es nicht nur, den Inhalt des Array auszulesen. Sie dient auch dazu, das Array zu füllen. Das soll folgendes Programm verdeutlichen:

```
#include <iostream>
int main ()
{
    int anzahl;
    std::cout << "Array-Gr\224\341e: ";
    std::cin >> anzahl;

    int zahlen[anzahl];

    for (int &wert : zahlen)
    {
        std::cout << "Geben Sie einen Wert ein: ";
        std::cin >> wert;
    }
    std::cout << "Gespeicherte Werte:" << std::endl;
    for (int ausgabe : zahlen)
    {
        std::cout << ausgabe << std::endl;
    }

}
```

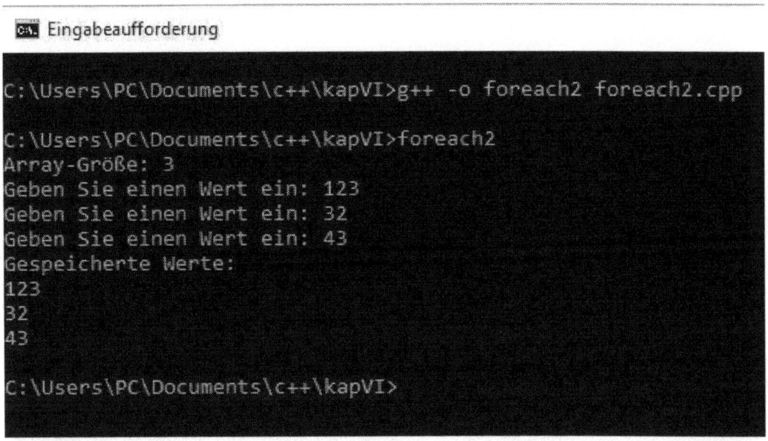

Screenshot 28 Die Ein- und Ausgabe des Arrays

Die Gestaltung der `for-each`-Schleife sieht beim Einlesen beinahe identisch wie bei der einfachen Ausgabe der Werte aus. Allerdings gibt es einen wichtigen Unterschied: das Ampersand-Zeichen (`&`) vor dem Variablennamen. Zur Übung ist es empfehlenswert, dieses einmal zu löschen und das Programm auszuführen. Dabei wird deutlich, dass das Array nicht die eingegebenen Werte aufnimmt. Das liegt daran, dass es sich bei dieser Variable normalerweise um eine Kopie des Werts des entsprechenden Array-Felds handelt. Diese wird jedoch an einer anderen Stelle im Arbeitsspeicher abgelegt. Für die Ausgabe spielt dies keine Rolle, da die Werte identisch sind. Beim Einlesen würde der Wert jedoch in der Kopie gespeichert und nicht wie gewünscht im Array. Das &-Zeichen vor dem Variablennamen führt jedoch dazu, dass die Variable den gleichen Speicherplatz belegt wie das entsprechende Array-Feld. Daher wird dieses durch die Eingaben ebenfalls verändert. Dieser Aspekt wird später im Kapitel 10 noch ausführlicher behandelt.

6.5 Übungsaufgabe: Schleifen im Programm anwenden

1. Erstellen Sie drei Programme, die jeweils die Produkte der Zahl 2 mit den Zahlen von 1 bis 10 ausgeben (2 x 1 = 2, 2 x 2 = 4,

2 x 3 = 6....). Für jedes Programm soll ein unterschiedlicher Schleifentyp zum Einsatz kommen.

2. Geben Sie nun das komplette Einmaleins aus. Dafür kommen zwei ineinander geschachtelte Schleifen zum Einsatz. Überlegen Sie, welcher Schleifentyp für diese Aufgabe am effizientesten ist.

3. Betrachten Sie nochmals das Programm aus Aufgabe 2 im Kapitel 5.5. Wenn hierbei ein Artikel bestellt wird, entfernt das Programm die entsprechende Anzahl aus dem Array. Danach wird das Programm jedoch beendet. Wenn Sie es neu starten, lädt es wieder die ursprünglichen Werte, sodass die Änderungen nicht wirksam werden. Gestalten Sie eine Schleife, die den kompletten Vorgang umfasst und den Anwender zum Schluss fragt, ob er weitere Artikel bestellen will. Auf diese Weise bleiben die Änderungen im Array enthalten.

Lösungen:

1.

Möglichkeit 1:

```
#include <iostream>
int main ()
{
    int i = 1;
    while (i <=10)
    {
        std::cout << "2 x " << i << " = " << i*2 <<
        std::endl;
        i++;
    }

}
```

Möglichkeit 2:

```
#include <iostream>
int main ()
{
    int i = 1;
    do
    {
        std::cout << "2 x " << i << " = " << i*2 <<
        std::endl;
        i++;
    }
    while (i <=10);
}
```

Möglichkeit 3:

```
#include <iostream>
int main ()
{
    for (int i = 1; i <= 10; i++)
    {
        std::cout << "2 x " << i << " = " << i*2 <<
        std::endl;
    }
}
```

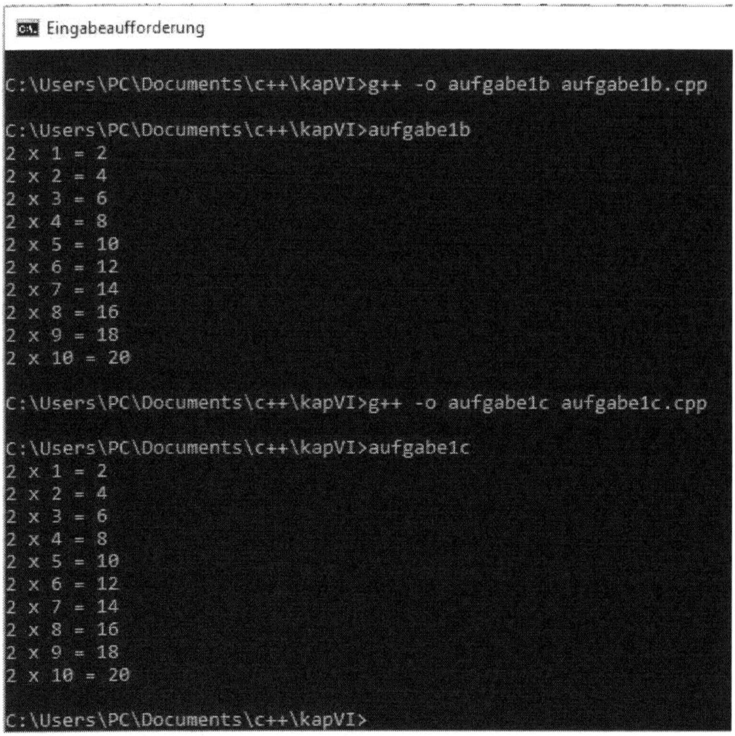

Screenshot 29 Die Ausgabe ist bei der Verwendung verschiedener Schleifen identisch

2.

```
#include <iostream>

int main ()
{
    for (int i = 1; i <= 10; i++)
    {
        for (int i2 = 1; i2 <= 10; i2++)
        {
            std::cout << i << "x" << i2 << " = " <<
            i*i2 << "   ";
        }
        std::cout << std::endl << std::endl;
    }
}
```

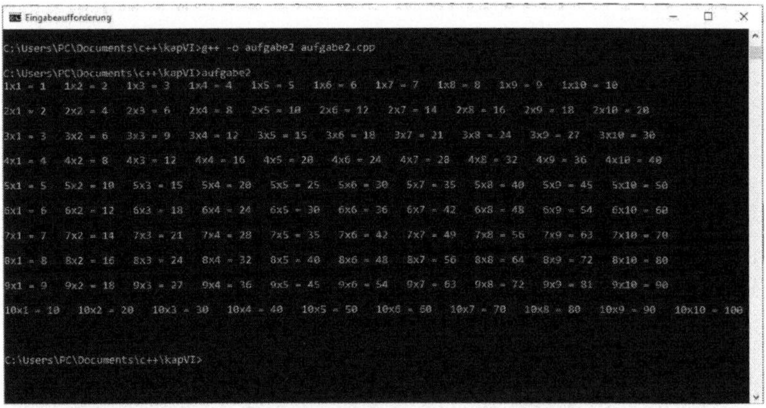

Screenshot 30 Das kleine Einmaleins – ausgegeben durch zwei ineinandergeschachtelte Schleifen

6

3.

```
#include <iostream>
using namespace std;
int main ()
{
    int bestand[3] {5, 14, 0};
    int eingabe, bestellmenge;
    char antwort1, antwort2 = 'j';


    while (antwort2 == 'j')
    {
        cout << "Bitte Artikelnummer eingeben: ";
        cin >> eingabe;
        cout << "Gew\201nschte Anzahl: ";
        cin >> bestellmenge;
        if ((eingabe >= 0) && (eingabe <=2))
        {
            if (bestand[eingabe] == 0)
            {
                cout << "Achtung: Keine Waren
                verf\201gbar." << endl;
                cout << "Bestellung kann nicht
                ausgef\201hrt werden." << endl;
            }
            else if ((bestand[eingabe]) > 0 &&
            (bestand[eingabe]<bestellmenge))
```

```
            {
                cout << "Es sind nur noch " <<
                bestand[eingabe]
                    << " Produkte
                    verf\201gbar." << endl;
                cout << "M\224chten Sie die
                verf\201gbaren Produkte
                bestellen? (j/n)";
                cin >> antwort1;
                if (antwort1 == 'j')
                {
                    cout << "Die Bestellung
                    wird ausgf\201hrt"
                    << endl;
                    bestand[eingabe] = 0;
                }
                else
                {
                    cout << "Bestellung
                    abgebrochen" << endl;
                }
            }
            else
            {
                cout << "Die Bestellung wird
                ausgef\201hrt." << endl;
                bestand[eingabe] -= bestellmenge;
            }
        }
        else
        {
            cout << "Falsche Artikelnummer" << endl;
        }
        cout << "M\224chten Sie eine weitere Bestellung
        durchf\201hren ? (j/n)";
        cin >> antwort2;
    }
}
```

Anmerkung: Um allzu lange Befehlszeilen zu vermeiden, wurde zu Beginn des Programms – wie bereits in Kapitel 3 erläutert – der Namensraum deklariert. Auf diese Weise ist die Deklarierung bei den einzelnen Befehlen nicht mehr notwendig, wodurch diese deutlich kürzer werden. Das ist jedoch optional. Selbstverständlich ist es auch möglich, den Namensraum bei jedem einzelnen Befehl anzugeben.

```
Eingabeaufforderung
C:\Users\PC\Documents\c++\kapVI>g++ -o aufgabe3 aufgabe3.cpp

C:\Users\PC\Documents\c++\kapVI>aufgabe3
Bitte Artikelnummer eingeben: 0
Gewünschte Anzahl: 3
Die Bestellung wird ausgeführt.
Möchten Sie eine weitere Bestellung durchführen ? (j/n)j
Bitte Artikelnummer eingeben: 0
Gewünschte Anzahl: 5
Es sind nur noch 2 Produkte verfügbar.
Möchten Sie die verfügbaren Produkte bestellen? (j/n)j
Die Bestellung wird ausgführt
Möchten Sie eine weitere Bestellung durchführen ? (j/n)j
Bitte Artikelnummer eingeben: 0
Gewünschte Anzahl: 5
Achtung: Keine Waren verfügbar.
Bestellung kann nicht ausgeführt werden.
Möchten Sie eine weitere Bestellung durchführen ? (j/n)j
Bitte Artikelnummer eingeben: 1
Gewünschte Anzahl: 10
Die Bestellung wird ausgeführt.
Möchten Sie eine weitere Bestellung durchführen ? (j/n)j
Bitte Artikelnummer eingeben: 1
Gewünschte Anzahl: 34
Es sind nur noch 4 Produkte verfügbar.
Möchten Sie die verfügbaren Produkte bestellen? (j/n)n
Bestellung abgebrochen
Möchten Sie eine weitere Bestellung durchführen ? (j/n)n

C:\Users\PC\Documents\c++\kapVI>
```

Screenshot 31 Durch die Schleife bleiben die neuen Produktbestände bei den weiteren Durchläufen erhalten.

Alle Programmcodes aus diesem Buch sind als PDF zum Download verfügbar. Dadurch müssen Sie sie nicht abtippen:
https://bmu-verlag.de/books/cpp_programmieren/

Außerdem erhalten Sie die eBook Ausgabe zum Buch im PDF Format kostenlos auf unserer Website:

https://bmu-verlag.de/books/cpp_programmieren/
Downloadcode: siehe Kapitel 15

Kapitel 7
Funktionen in C++ verwenden

Das folgende Kapitel stellt Funktionen vor. Dabei handelt es sich um kleine Blöcke, die aus dem eigentlichen Programm ausgelagert werden und eine ganz spezielle Aufgabe erfüllen. Sie gestalten den Code deutlich übersichtlicher und häufig auch wesentlich kürzer.

7.1 Was ist eine Funktion und welche Vorteile bietet sie?

Bei einem umfangreichen Programm wird der Code schnell sehr unübersichtlich. Um dies zu verhindern, ist es sinnvoll, Funktionen zu verwenden. Dabei handelt es sich um kleinere Einheiten, die eine ganz bestimmte Aufgabe erfüllen. Die Befehle, die hierbei zum Einsatz kommen, sind genau die gleichen wie bei gewöhnlichen C++-Programmen. Allerdings ist es wichtig, einen Namen zu vergeben und die Funktion in einer geschweiften Klammer zusammenzufassen. Im Hauptprogramm ist es dann möglich, die Funktion einfach über ihren Namen aufzurufen.

Funktionen sind besonders hilfreich, wenn eine bestimmte Abfolge von Befehlen mehrmals im Programm vorkommt. Diese jedes Mal aufs Neue zu schreiben, würde viel Arbeit mit sich bringen. Deutlich einfacher ist es, diese Befehle einmal in eine Funktion zu schreiben. Danach lassen sie sich ganz einfach durch die Nennung des Funktionsnamens erneut aufrufen. Das reduziert den zeitlichen Aufwand beim Programmieren erheblich.

Bei großen Software-Projekten ist es üblich, dass mehrere Programmierer zusammenarbeiten. Wenn diese jedoch ihren Code alle in das Hauptprogramm schreiben, führt das unweigerlich zu einem Chaos. Funktionen erleichtern die Zusammenarbeit jedoch erheblich. So kann jeder Programmierer seinen Code in eine eigene Funktion schreiben. Der Projektleiter legt dabei fest, welche Aufgaben diese jeweils erfüllen sollen. Außerdem bindet er sie in das Hauptprogramm ein. Das erleichtert die Teamarbeit deutlich.

Auch für eine einfache Wartung des Programms sind Funktionen sehr hilfreich. Wenn eine Änderung notwendig wird, ist es bei der Verwendung von Funktionen deutlich einfacher, die richtige Stelle dafür zu finden. Außerdem ist der Bereich, in dem die Änderungen stattfinden, vom Hauptprogramm abgetrennt. Das reduziert das Risiko, dass diese unerwünschte Effekte in anderen Bereichen nach sich ziehen.

7.2 Funktionen selbst erstellen

Wer alle Programme in diesem Buch bis zu dieser Stelle erstellt hat, hat bereits viele Funktionen geschrieben. Auch wenn diese Aussage bei vielen Lesern sicherlich zunächst für Unverständnis sorgt, trifft sie dennoch zu. Denn jedes C++-Programm verfügt über mindestens eine Funktion: die `main`-Funktion. Daher ist es sinnvoll, sich nochmals vor Augen zu führen, wie diese aufgebaut ist:

```
int main ()
{
    Befehle
}
```

Auch alle weiteren Funktionen folgen diesem Muster. Der Unterschied besteht lediglich darin, dass sie nicht den Namen `main` erhalten, sondern dass der Programmierer den Namen hierfür selbst bestimmen kann. Um die Anwendung zu erklären soll nochmals das erste Programm des Kurses herangezogen werden. Um dieses in eine gewöhnliche Funktion umzuwandeln, ist es notwendig, den Namen zu ändern. Anstatt `main` soll sie nun `begruessung` heißen. Als der grundlegende Aufbau eines C++-Programms in Kapitel 3 vorgestellt wurde, wurde auch erwähnt, dass die Hauptfunktion einen Rückgabewert hat und dass dessen Datentyp mit `int` angegeben werden muss. Bei gewöhnlichen Funktionen ist hingegen kein Rückgabewert erforderlich. Wenn kein Wert zurückgegeben werden soll, kommt der Ausdruck `void` zum Einsatz. Daher ist es nur noch notwendig, `int` durch `void` zu ersetzen und schon ist die erste Funktion fertig:

```
void begruessung ()
{
      std::cout << "Willkommen zum C++-Kurs!";
}
```

Diese wird vorerst einfach über das Hauptprogramm gestellt. Um sie anschließend aufzurufen, ist es lediglich notwendig, ihren Namen gefolgt von einer leeren Klammer und von einem Semikolon in das Hauptprogramm zu schreiben. Der komplette Code sieht daher folgendermaßen aus:


```
#include <iostream>

using namespace std;

void begruessung ()
{
      cout << "Willkommen zum C++-Kurs!";
}

int main ()
{
      begruessung();
}
```

In diesem Fall stellt die Verwendung der Funktion noch keine Arbeitserleichterung dar – ganz im Gegenteil, sie verursacht sogar zusätzliche Schreibarbeit. Wenn in einem Programm jedoch an vielen unterschiedlichen Stellen eine entsprechende Begrüßung eingefügt werden soll, kann eine derartige Funktion den Arbeitsaufwand reduzieren.

Die Funktion, die soeben vorgestellt wurde, führt immer genau die gleiche Aufgabe aus. Ein großer Vorteil von Funktionen besteht jedoch darin, dass sie auch verschiedene Aufgaben übernehmen können – je nachdem, welche Ansprüche das Hauptprogramm an sie stellt. Die soeben erstellte Funktion `begruessung` lässt sich beispielsweise leicht verallgemeinern. Sie soll nun nicht mehr nur die Begrüßungs-Floskel ausgeben, sondern einen beliebigen Text, den ihr das Hauptprogramm übergibt. Dieser muss lediglich beim Aufruf der Funktion in die Klammern geschrieben werden. Auch die Funktion selbst muss leicht abgeändert werden. Innerhalb der Klammer nach dem Funktionsnamen muss eine Variable deklariert werden, die den Übergabewert aufnimmt. In diesem Fall ist eine `string`-Variable notwendig. Diese wird dann für die Ausgabe des Texts verwendet:

```
#include <iostream>
#include <string>

using namespace std;

void ausgabe (string inhalt)
{
	cout << inhalt << endl;
}

int main ()
{
	ausgabe("Willkommen zum C++-Kurs!");
	ausgabe("Mithilfe von Funktionen l\204sst sich der Text
	einfacher ausgeben");
}
```

An diesem Beispiel wird bereits deutlich, auf welche Weise Funktionen ein Programm vereinfachen. Anstatt des umständlichen Befehls für die Textausgabe ist es nun nur noch notwendig, die Funktion aufzurufen und den Text zu übermitteln.

Es ist nicht nur möglich, einen Wert zu übermitteln. Wenn die Funktion mehrere Werte benötigt, ist es lediglich notwendig, die einzelnen Angaben durch ein Komma zu trennen – sowohl bei der Definition der Funktion als auch bei ihrem Aufruf. Auf diese Weise lässt sich beispielsweise ein kleines Rechenprogramm erstellen:

```
#include <iostream>
#include <string>
using namespace std;
```

```
void ausgabe (string inhalt)
{
      cout << inhalt << endl;
}

void addieren (int a, int b)
{
      cout << a << " + " << b << " = " << a+b << endl;
}

int main ()
{
      int wert1, wert2;
      ausgabe("Erster Wert:");
      cin >> wert1;
      ausgabe("Zweiter Wert: ");
      cin >> wert2;
      addieren (wert1, wert2);
}
```


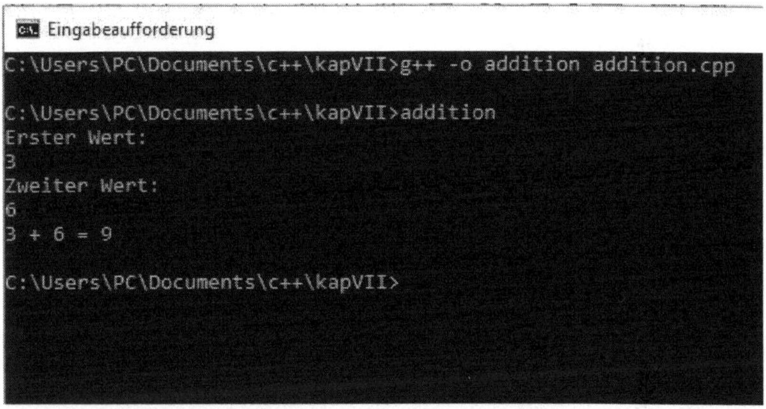

Screenshot 32 Die Ausgabe des Programms mit unterschiedlichen Funktionen

Wenn ein Programm eine Berechnung durchführt, ist es häufig nicht nur notwendig, das Ergebnis auf dem Bildschirm auszugeben. Darüber hinaus soll es auch im weiteren Programm verwendet werden. Dazu kommen Rückgabewerte zum Einsatz. Dazu ist es zum einen notwendig, den Datentyp des Rückgabewerts zu Beginn der Deklaration der Funktion zu bestimmen. Zum anderen ist es notwendig, den Begriff `return` gefolgt vom gewünschten

Rückgabewert und einem Semikolon in das Programm einzufügen. Im Hauptprogramm ist es nun möglich, diesen Wert einer Variablen zuzuweisen, indem diese dem Aufruf der Funktion mit einem Gleichheitszeichen vorangestellt wird:

```
#include <iostream>
#include <string>
using namespace std;
void ausgabe (string inhalt)
{
     cout << inhalt << endl;
}

int addieren (int a, int b)
{
     return (a + b);
}

int main ()
{
     int wert1, wert2, ergebnis;
     ausgabe("Erster Wert:");
     cin >> wert1;
     ausgabe("Zweiter Wert: ");
     cin >> wert2;
     ergebnis = addieren (wert1, wert2);
     cout << wert1 << " + " << wert2 << " = " << ergebnis;
}
```

Bei der Verwendung von Übergabe- und Rückgabewerten ist es wichtig, zu beachten, dass die Variablen aus dem Hauptprogramm innerhalb der Funktion nicht zugänglich sind. Ungeübte Programmierer könnten beispielsweise versuchen, die Variable `wert1` einfach in der Funktion zu verwenden und das Ergebnis dort in der Variablen `ergebnis` abzuspeichern. Ein Zugriff ist zwar nicht ausgeschlossen, doch sind hierfür fortgeschrittene Programmierkenntnisse notwendig. Daher ist es bislang notwendig, mit Übergabe- und Rückgabewerten für die Funktionen zu arbeiten. Ein weiterer Punkt, der beachtet werden sollte, besteht darin, dass eine Funktion höchstens einen Wert zurückgeben kann. Sollten mehrere Informationen notwendig sein, ist es sinnvoll, mit Arrays zu arbeiten.

7.3 Funktionen in externen Dateien abspeichern

Ein großer Vorteil von Funktionen besteht darin, dass sich damit der Quellcode in einzelne Dateien aufteilen und dadurch erheblich übersichtlicher gestalten lässt. Bislang wurden die einzelnen Funktionen jedoch direkt über der Hauptfunktion definiert. Auf diese Weise wird die Datei nicht kürzer, sondern länger. Daher ist es sinnvoll, sie in externe Dateien auszulagern.

Als Beispiel sollen die Funktionen aus dem soeben erstellten Programm nun ausgelagert werden. Dafür ist es lediglich notwendig, sie in eine eigene Datei zu schreiben. Die Einbindung der benötigten Bibliotheken kann entweder im Hauptprogramm oder in der ausgelagerten Datei erfolgen. Da `string`-Variablen jedoch nur in der Funktion ausgabe verwendet werden, ist es sinnvoll, die entsprechende Header-Datei hier einzubinden. Dafür kann sie aus dem Hauptprogramm entfernt werden. Da der Namensraum nicht bei jedem einzelnen Befehl angegeben werden soll, ist es notwendig, ihn hier ebenfalls zu definieren. Danach folgen die Funktionen in der gleichen Form, wie sie bisher verwendet wurden. Die Datei muss dann mit der Endung .h abgespeichert werden. Dabei ist es sinnvoll, einen Namen auszuwählen, der den Inhalt zusammenfasst – in diesem Fall funktionen.h:

```
#include <string>
using namespace std;

void ausgabe (string inhalt)
{
	cout << inhalt << endl;
}

int addieren (int a, int b)
{
	return (a + b);
}
```

Um auf die Funktionen zugreifen zu können, ist es notwendig, die entsprechende Datei ins Hauptprogramm einzubinden. Das geschieht durch den bekannten Befehl `#include`. Allerdings muss hierbei der Dateiname in Anführungszeichen anstatt in spitzen Klammern stehen. Daraus ergibt sich folgender Code:

```
#include <iostream>
#include "funktionen.h"

using namespace std;


int main ()
{
      int wert1, wert2, ergebnis;
      ausgabe("Erster Wert:");
      cin >> wert1;
      ausgabe("Zweiter Wert: ");
      cin >> wert2;
      ergebnis = addieren (wert1, wert2);
      cout << wert1 << " + " << wert2 << " = " << ergebnis;
}
```

7.4 Vorgefertigte Funktionen aus Bibliotheken nutzen

Der Grundwortschatz von C++ bietet nur sehr wenige Funktionen. Selbst für einfache Aufgaben – beispielsweise für die Ausgabe eines Texts über die Konsole – sind zahlreiche komplizierte Schritte notwendig. An dieser Stelle kommen bei den meisten Lesern wohl erhebliche Zweifel auf – schließlich wurde diese Aufgabe in diesem Buch bereits unzählige Male ausgeführt und dafür war nur ein einziger Befehl notwendig: `std::cout`.

Trotz dieses Einwandes – der sicherlich berechtigt ist – trifft die oben gemachte Aussage zu. Der Grund dafür, dass diese Anwendung dennoch mit einem einzigen Befehl verfügbar ist, liegt daran, dass andere Programmierer diese Aufgabe bereits übernommen haben. Sie haben eine Funktion geschrieben, die alle notwendigen Befehle enthält und unter dem Namen `cout` zur Verfügung steht.

Diese Funktion ist genau wie viele weitere in der C++-Standardbibliothek enthalten. Diese ist dem Compiler bereits beigelegt, sodass er beim Kompilieren darauf zugreifen und den entsprechenden Code in das Programm einbinden kann. Allerdings macht er das nicht automatisch. Hierfür ist es notwendig, anzugeben, welche Bibliotheken er verwenden soll. Aus diesem Grund ist es erforderlich, vor fast jedem Programm den Befehl `#include <iostream>` einzugeben, der die entsprechenden Anweisungen enthält.

`Std::cout` ist nur ein Beispiel für die vielfältigen Funktionen, die in der C++-Standardbibilothek enthalten sind. Kaum ein Programmierer kennt diese alle auswendig. Daher ist es immer wieder notwendig, die entsprechenden Anwendungen nachzuschlagen. Dazu dient eine C++-Referenz. Im Internet sind mehrere Auflistungen zu den C++-Bibliotheken verfügbar. Empfehlenswert ist beispielsweise die Seite https://en.cppreference.com/w/. Diese wird auch von der C++ Foundation verlinkt – auch wenn sie dabei betont, dass es sich hierbei nicht um eine offizielle Referenz handelt. Der eigentliche C++-Standard, der alle Details beinhaltet, steht nur kostenpflichtig zum Download bereit. Die von Drittanbietern erstellten Seiten stellen eine hochwertige und kostenfreie Alternative dazu dar.

Wenn man im Inhaltsverzeichnis nun auf Input/output library klickt, kommt man zu einer Seite, die die Befehle und Datentypen, die in dieser Bibliothek enthalten sind, auflistet. Wenn man etwas nach unten scrollt, gelangt man zum Befehl `cout`. Ein Klick darauf führt zu einer weiteren Seite (https://en.cppreference.com/w/cpp/io/cout), die die Anwendung dieses Befehls darstellt und an einem Beispiel verdeutlicht. Eine derartige Referenz ist sehr hilfreich, um die Funktionsweise unterschiedlicher Befehle in C++ kennenzulernen und richtig anzuwenden.

Ein kleines Anwendungsbeispiel soll verdeutlichen, wie man mit diesen Referenzen arbeiten kann. Im Kapitel 4 wurde ein Array erstellt, das sowohl den Produktnamen als auch den Preis enthält. Da Arrays nur gleiche Datentypen enthalten dürfen, wurden beide Angaben als `String` gespeichert. Für die Ausgabe stellt dies kein Problem dar. Wenn jedoch die Preise mehrere Artikel bei einer Bestellung addiert werden sollen, ist dies bei Verwendung von `string`-Variablen nicht möglich. Daher ist es notwendig, sie in Zahlen – in diesem Fall vom Typ `float` – umzuwandeln.

Um eine entsprechende Funktion zu finden, ist es sinnvoll, die C++-Referenz zu öffnen. Da es sich hierbei um eine Operation mit `string`-Variablen handelt, ist es notwendig, den Bereich Strings library anzuklicken. Auf dieser Seite werden die einzelnen Variablentypen aufgelistet, die hierin definiert werden. Da für dieses Programm der Typ `std::string` verwendet wurde, muss dieser Ausdruck angeklickt werden. Daraufhin öffnet sich eine Seite, die viele verschiedene Operationen mit diesem Datentyp beinhaltet. Wenn man sich diese durchliest, stößt man im unteren Bereich der Seite unter der Überschrift Numeric conversions auf den Eintrag: stof stod stold converts a string to a floating point value. Das ist genau die gewünschte Funktion, sodass es sinnvoll ist, diesen Befehl anzuklicken.

Auf der Seite, die sich daraufhin öffnet, wird ersichtlich, dass die Struktur für diesen Befehl wie folgt aussieht: `float stof(const std::string& str, std::size_t* pos = 0);` Diese Angabe mag zunächst etwas verwirrend sein. Weiter unten wird jedoch deutlich, dass `str` der Name der `string`-Variablen ist, die konvertiert werden soll. Der Ausdruck `pos` bezeichnet die Adresse, an der die Anzahl der konvertierten Zeichen abgespeichert wird. Derartige Angaben sind jedoch meistens optional, sodass es nicht unbedingt notwendig ist, eine entsprechende Adresse anzugeben. Um eine `string`-Variable mit dem Namen `s` in eine `float`-Variable mit dem Namen `f` umzuwandeln, wäre demnach folgender Befehl notwendig: `f = stof(s);` Diesem Beispiel entsprechend lassen sich viele weitere nützliche Funktionen in der C++-Referenz finden.

7.5 Übungsaufgabe: eigene Funktionen erstellen

1. Betrachten Sie nochmals das letzte Programm aus Kapitel 4.5. Erweitern Sie dieses um eine Schleife, die den Anwender dazu auffordert, die Artikelnummer für eine Bestellung einzu-

geben. Danach soll das Programm die Funktion `bestellen` aufrufen und ihr das Array mit den Produktinformationen, das vom Anwender ausgewählte Produkt sowie den bisherigen Wert des Warenkorbs übermitteln. Dieser soll vor Beginn der Schleife mit dem Wert 0 initialisiert werden. Der Rückgabewert der Funktion soll der neue Wert des Warenkorbs sein, nachdem das Produkt hinzugefügt wurde. Fragen Sie den Anwender zum Schluss der Schleife, ob er ein weiteres Produkt bestellen will.

Innerhalb der Funktion bestellen müssen Sie zunächst den Wert des Arrayfelds mit dem Preis in eine `float`-Variable umwandeln. Berechnen Sie danach den neuen Bestellwert. Geben Sie ihn auf dem Bildschirm aus und übermitteln Sie ihn dann als Rückgabewert an das Hauptprogramm.

Fügen Sie nach dem Ende eine Erfolgsmeldung ein, die den Gesamtbestellwert beinhaltet.

2. Schreiben Sie ein Programm, das den Anwender dazu auffordert, zwei Wörter einzugeben und speichern sie diese in `string`-Variablen. Suchen Sie nun in der C++-Referenz nach einer Funktion, die die Anzahl der Zeichen zurückgibt. Geben Sie die Zeichenzahl beider Worte aus. Suchen Sie anschließend nach einem Operator, um beide Strings zu verbinden. Geben Sie die beiden zusammengesetzten Worte aus.

Lösungen:

1.

```
#include <iostream>
#include <string>

using namespace std;

float bestellen (string Produktinfo[3][2], int artikelnr, float
bestellwert)
{
      float preis;
      preis = stof(Produktinfo[artikelnr][1]);
      cout << "Produkt hinzugef\201gt. Wert des Warenkorbs:
      " << bestellwert + preis << endl;
      return preis + bestellwert;
}

int main ()
{
      float rechnungsbetrag = 0;
      char weiter = 'j';
      int nummer;
      string Produkte[3][2] = {{"Messer", "6.49"},
           {"Teller", "7.99"}, {"Tasse", "2.29"}};

      cout << "Produkt: " << Produkte[0][0];
      cout << "  Preis: " << Produkte[0][1] << endl;
      cout << "Produkt: " << Produkte[1][0];
      cout << "  Preis: " << Produkte[1][1] << endl;
      cout << "Produkt: " << Produkte[2][0];
      cout << "  Preis: " << Produkte[2][1] << endl;

      while (weiter == 'j')
      {
           cout << "Welches Produkt m\224chten Sie bestellen? ";
           cin >> nummer;
           rechnungsbetrag = bestellen (Produkte, nummer,
           rechnungsbetrag);
           cout << "M\224chten Sie ein weiteres Produkt
           bestellen? (j/n) ";
           cin >> weiter;
      }
cout << "Die Produkte werden ausgeliefert. Der
Bestellwert betr\204gt "<< rechnungsbetrag << " Euro.";
}
```

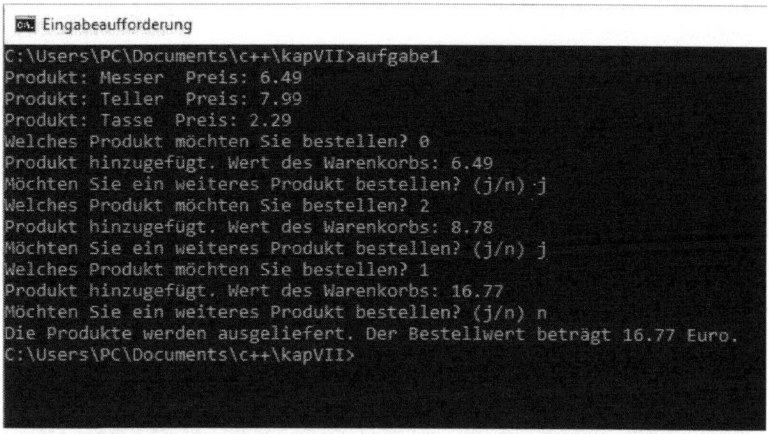

Screenshot 33 So sieht die Ausgabe des Programms aus.

2.

```
#include <iostream>
#include <string>
using namespace std;
int main ()
{
      string wort1, wort2, wort3;
      cout << "Geben Sie das erste Wort ein: ";
      cin >> wort1;
      cout << "Geben Sie das zweite Wort ein: ";
      cin >> wort2;
      cout << "L\204nge des ersten Worts: " << wort1.size()
      << endl;
      cout << "L\204nge des zweiten Worts: " <<
      wort2.length() << endl;

      wort3 = wort1 + wort2;
      cout << "Zusammengesetztes Wort: " << wort3;
}
```

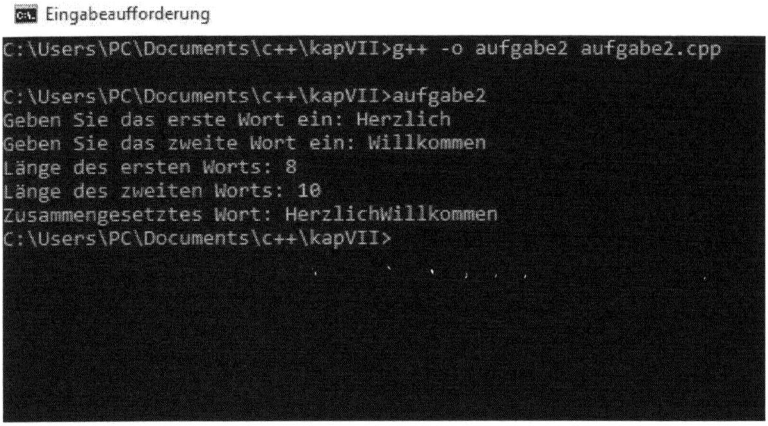

Screenshot 34 Die Bearbeitung von string-Variablen

Anmerkung: Für diese Aufgabe kommen die Funktionen `size()` und `length()` infrage. Beide erfüllen die Anforderungen auf die gleiche Weise. Um dies zu verdeutlichen, wurden im Beispielprogramm beide Befehle verwendet.

Alle Programmcodes aus diesem Buch sind als PDF zum Download verfügbar. Dadurch müssen Sie sie nicht abtippen:
https://bmu-verlag.de/books/cpp_programmieren/

Außerdem erhalten Sie die eBook Ausgabe zum Buch im PDF Format kostenlos auf unserer Website:

https://bmu-verlag.de/books/cpp_programmieren/
Downloadcode: siehe Kapitel 15

Kapitel 8

Strukturen: eigene Datentypen in C++ gestalten

In den bisherigen Programmen kamen vorwiegend primitive Datentypen zum Einsatz – ergänzt durch `string`-Variablen und Arrays. Doch gibt es auch zahlreiche Anwendungen, bei denen detailliertere Informationen notwendig sind. Strukturen bieten die Möglichkeit, neue Datentypen zu definieren.

8.1 Datensätze aus verschiedenen Typen

Die primitiven Datentypen, die im Kapitel 4 vorgestellt wurden, bieten lediglich die Möglichkeit, einen einzelnen Wert abzuspeichern und wiederzugeben. Häufig ist es jedoch notwendig, mehrere Werte zusammenzufassen. Dazu dienen nicht primitive Datentypen. Ein Beispiel hierfür war die Verwendung von `string`-Variablen. Diese fassen einzelne Zeichen zusammen und können eine beinahe beliebige Anzahl aufnehmen. Darüber hinaus besteht die Möglichkeit, Arrays zu verwenden. Diese können ebenfalls viele unterschiedliche Werte abspeichern und bieten einen einfachen Zugriff über eine Index-Nummer.

Bei der Verwendung von Arrays ist bei den bisherigen Beispielen jedoch bereits ein Problem aufgetreten: Sie können nur Daten des gleichen Typs aufnehmen. Bislang wurde dies umgangen, indem auch Zahlen als Zeichenketten abgespeichert wurden. Dabei ist es jedoch nicht möglich, Berechnungen mit diesen Werten durchzuführen. Wenn dafür die `string`-Variablen in Zahlen überführt werden müssen, wird das Programm deutlich komplizierter. Einfacher ist es, eigene Datentypen zu definieren, die Variablen unterschiedlichen Typs enthalten. Zu diesem Zweck dienen Strukturen.

8.2 Strukturen als Vorlage erstellen

Strukturen bestehen aus einem Verbund unterschiedlicher Variablen. Dabei kann es sich um primitive Datentypen wie `char`- oder `int`-Variablen handeln. Doch ist es auch möglich, `string`-Variablen oder Arrays in die Struktur zu integrieren. Der Programmierer kann dabei sogar eine andere Struktur, die er zuvor definiert hat, als Teil einer neuen Struktur einbinden.

Der erste Schritt besteht darin, zu deklarieren, welche verschiedenen Datentypen die Struktur enthalten soll. Hierfür ist der Schlüsselbegriff `struct` notwendig. Danach folgt der Name, den die Struktur erhalten soll. Dabei ist der Programmierer vollkommen frei und muss lediglich die allgemeinen Regeln zur Vergabe von Variablennamen in C++ berücksichtigen. Anschließend ist es erforderlich, eine geschweifte Klammer hinzuzufügen, in der alle Variablen, die in der Struktur enthalten sein sollen, aufgelistet werden. Nach der Klammer folgt ein Semikolon. Um für das bereits angesprochene Beispiel aus Kapitel 4 eine passende Struktur zu erstellen, wäre eine `string`-Variable für den Produktnamen und eine `float`-Variable für den Preis notwendig:

```
struct produkt
{
    string Produktname;
    float Preis;
};
```

Die Definition der Struktur kann im Hauptprogramm über der `main`-Funktion stehen. Das ist jedoch nur bei kleineren Programmen zu empfehlen. Bei größeren Projekten ist es sinnvoll, die Strukturen in einer eigenen Datei zu definieren. Die Vorgehensweise ist dabei genau die gleiche wie bei Funktionen, die in separaten Dateien abgespeichert werden. Auch hierbei ist die Dateiendung .h erforderlich.

8.3 Die Verwendung von Strukturen im Programm

Wenn eine Struktur in einem Programm verwendet werden soll, ist es zunächst notwendig, sie zu deklarieren. Das geschieht auf die gleiche Weise wie bei gewöhnlichen Variablen: Zunächst ist es notwendig, den Datentyp anzugeben. Dazu dient die Bezeichnung der zuvor definierten Struktur. Daraufhin folgt ein frei wählbarer Name, der den Zugriff im weiteren Programm ermöglicht. Um die im vorherigen Abschnitt definierte Struktur zu erzeugen und ihr den Namen `Produkt1` zu verleihen, ist folgender Code notwendig:

```
produkt Produkt1;
```

Bei einfachen Variablen erfolgt der Zugriff innerhalb des Programms lediglich über den gewählten Namen. Bei Strukturen ist dies jedoch nicht möglich, da unter dem Namen mehrere verschiedene Werte abgespeichert werden können. Daher ist es zusätzlich notwendig, den konkreten Bestandteil zu nennen. Dieser entspricht dem Namen, der bei der Definition angegeben wurde und muss nach einem Punkt an den Namen der Struktur angehängt werden. Um beispielsweise auf den Produktnamen zuzugreifen, kann folgender Code verwendet werden: `Produkt1.Produktname`. Folgendes Programm definiert eine Struktur, deklariert eine Variable des entsprechenden Datentyps und füllt die einzelnen Bestandteile mit Inhalten. Anschließend gibt es die Werte aus.

```
#include <iostream>
#include <string>
using namespace std;
struct produkt
{
    string Produktname;
    float Preis;
};

int main ()
{
    produkt Produkt1;
    cout << "Geben Sie den Produktnamen ein: ";
    cin >> Produkt1.Produktname;
    cout << "Geben Sie den Preis ein: ";
    cin >> Produkt1.Preis;

    cout << Produkt1.Produktname << endl;
    cout << Produkt1.Preis << endl;
}
```

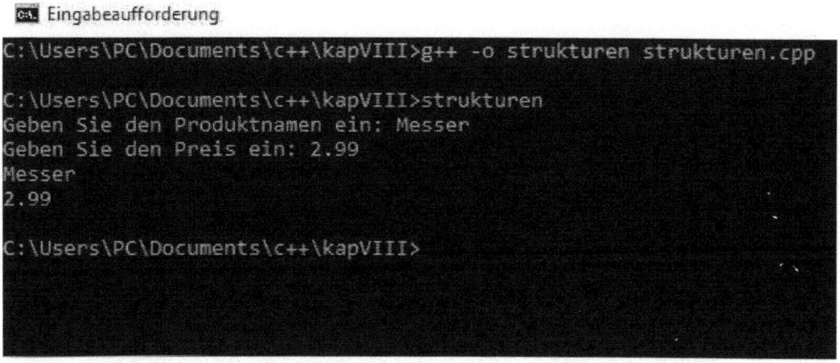

Screenshot 35 Die Ausgabe des Programms mit Strukturen

8.4 Übungsaufgaben: Datensätze durch Strukturen vereinfachen

1. Schreiben Sie das Programm aus Aufgabe 1 im Kapitel 7.5 so um, dass es anstatt eines zweidimensionalen Arrays ein eindimensionales Array verwendet, bei dem die einzelnen Felder aus Strukturen bestehen. Diese sollen den Preis nun nicht mehr als `string`- sondern als `float`-Variable abspeichern. Ansonsten sollen alle Funktionen erhalten bleiben.

2. Definieren Sie die Struktur kunde, die den Vornamen, den Nachnamen, die Kundennummer, und die Telefonnummer enthält. Schreiben Sie ein Programm, das den Anwender dazu auffordert, die entsprechenden Daten einzugeben, diese in den entsprechenden Bestandteilen der Struktur ablegt und anschließend die gesamten Daten zur Kontrolle ausgibt.

Lösungen:

1.

```
#include <iostream>
#include <string>
using namespace std;

struct produkt
{
    string Produktname;
    float Preis;
};

float bestellen (produkt Produktinfo[3], int artikelnr, float
bestellwert)
{
    float preis = Produktinfo[artikelnr].Preis;
    cout << "Produkt hinzugef\201gt. Wert des Warenkorbs:
    "<< bestellwert + preis << endl;
    return preis + bestellwert;
}

int main ()
{
    float rechnungsbetrag = 0;
    char weiter = 'j';
    int nummer;
    produkt Produkte[3];

    Produkte[0].Produktname = "Messer";
    Produkte[0].Preis = 6.49;
    Produkte[1].Produktname = "Teller";
    Produkte[1].Preis = 7.99;
    Produkte[2].Produktname = "Tasse";
    Produkte[2].Preis = 2.29;

    std::cout << "Produkt: " << Produkte[0].Produktname;
    std::cout << "  Preis: " << Produkte[0].Preis << std::endl;
    std::cout << "Produkt: " << Produkte[1].Produktname;
    std::cout << "  Preis: " << Produkte[1].Preis << std::endl;
    std::cout << "Produkt: " << Produkte[2].Produktname;
    std::cout << "  Preis: " << Produkte[2].Preis << std::endl;

    while (weiter == 'j')
    {
        cout << "Welches Produkt m\224chten Sie bestellen?";
        cin >> nummer;
```

```
        rechnungsbetrag = bestellen (Produkte, nummer,
        rechnungsbetrag);
        cout << "M\224chten Sie ein weiteres Produkt
        bestellen? (j/n) ";
        cin >> weiter;
    }
    cout << "Die Produkte werden ausgeliefert. Der Bestellwert
    betr\204gt "<< rechnungsbetrag << " Euro.";
}
```

2.

```
#include <iostream>
#include <string>
using namespace std;

struct kunde
{
    string Vorname;
    string Nachname;
    int Kundennummer;
    int Telefonnummer;
};

int main ()
{
    kunde NeuerKunde;

    cout << "Bitte Vornamen eingeben: ";
    cin >> NeuerKunde.Vorname;
    cout << "Bitte Nachnamen eingeben: ";
    cin >> NeuerKunde.Nachname;
    cout << "Bitte Kundennummer eingeben: ";
    cin >> NeuerKunde.Kundennummer;
    cout << "Bitte Telefonnummer eingeben: ";
    cin >> NeuerKunde.Telefonnummer;

    cout << "Die Daten des neuen Kunden:" << endl
        << "Vorname: " << NeuerKunde.Vorname << endl
        << "Nachname: " << NeuerKunde.Nachname <<   endl
        << "Kundennummer: " << NeuerKunde.Kundennummer
        << endl << "Telefonnummer: " << NeuerKunde.
        Telefonnummer;

}
```

8

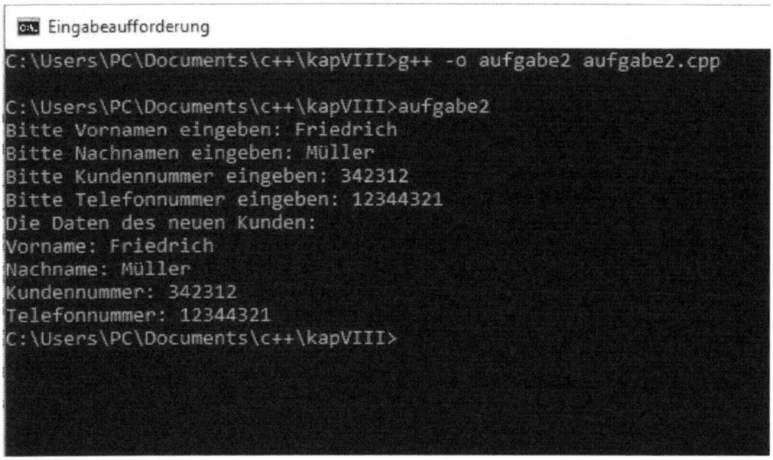

Screenshot 36 Ein- und Ausgabe über eine Struktur

Alle Programmcodes aus diesem Buch sind als PDF zum Download verfügbar. Dadurch müssen Sie sie nicht abtippen:
https://bmu-verlag.de/books/cpp_programmieren/

Außerdem erhalten Sie die eBook Ausgabe zum Buch im PDF Format kostenlos auf unserer Website:

https://bmu-verlag.de/books/cpp_programmieren/
Downloadcode: siehe Kapitel 15

Kapitel 9
Objektorientierung in C++

Die Objektorientierung stellt ein Programmierparadigma dar, das in der modernen Informatik unverzichtbar ist. Sie bietet die Möglichkeit, komplexe Sachverhalte einfach, anschaulich und gut strukturiert darzustellen. Die Objektorientierung spielte bei der Entwicklung von C++ eine sehr wichtige Rolle und ist einer der wesentlichen Unterschiede zur Sprache C, die die Grundlage von C++ darstellt. Dieses Kapitel gibt eine kleine Einführung in diese Programmierweise. Zunächst beschreibt es die allgemeinen Grundlagen und anschließend die Art und Weise, wie dies in C++ umgesetzt wird.

9.1 Was bedeutet Objektorientierung?

Die reale Welt besteht aus vielen unterschiedlichen Objekten. Wer gerade zu Hause sitzt, sieht in seinem Umfeld wahrscheinlich gerade Möbelstücke, Elektrogeräte, und viele weitere Gegenstände. Wer unterwegs ist, kann vielleicht Autos, Fahrräder, Häuser und Bäume wahrnehmen. Ein herkömmliches Computerprogramm ist hingegen vollkommen anders aufgebaut. Bisher wurden Variablen, Schleifen, Abfragen und ähnliche Bestandteile behandelt. Diese haben mit den Objekten, die den Alltag bestimmen, jedoch auf den ersten Blick nur wenig gemein. Allerdings dienen viele Programme dazu, die entsprechenden Alltagsgegenstände zu beschreiben. Bereits in den Programmen in diesem Buch wurden beispielsweise Haushaltsgegenstände wie Messern, Teller und Tassen, Personen als Kunden sowie etwas abstraktere Objekte wie eine Bestellung verwendet.

Bereits Ende der 60er Jahre entwickelte der Informatiker Alan Kay die Idee, eine Programmiersprache auf einem etwas höheren Abstraktionsniveau zu gestalten, die es erlaubt, Objekte zu erzeugen, die sich an der realen Welt orientieren. Auf dieser

Grundlage entwickelte er mit seinem Team Smalltalk – die erste objektorientierte Programmiersprache der Welt. Die erste Version erschien 1972. In den darauffolgenden Jahren kamen immer wieder Neuerungen hinzu, die das Konzept der objektorientierten Programmierung weiterentwickelten. In den darauffolgenden Jahrzehnten gewann diese Idee immer mehr Anhänger und mittlerweile stellt sie einen anerkannten Standard dar, der bei der modernen Softwareentwicklung sehr häufig zum Einsatz kommt.

Die Idee, die hinter der objektorientierten Programmierung steht, besteht darin, dass sich Objekte durch grundlegende Eigenschaften auszeichnen. Wenn man beispielsweise einen Teller zur Hand nimmt, dann kann es sich dabei um einen Suppenteller oder um einen flachen Teller handeln. Er hat einen bestimmten Durchmesser und eine Farbe. Außerdem wird er durch das verwendete Material bestimmt. Diese Eigenschaften bestimmen das Wesen jedes einzelnen Tellers.

Darüber hinaus neigt der Mensch dazu, Gegenstände in bestimmte Kategorien einzuordnen. Um beim Beispiel des Tellers zu bleiben: Selbst, wenn man viele unterschiedliche Teller in verschiedenen Farben und Größen betrachtet, haben die Objekte gewisse Gemeinsamkeiten. Daher ist es sinnvoll, sie in eine Kategorie zusammenzufassen. Auf diese Weise wird sofort klar, welchem Einsatzzweck Sie dienen. Innerhalb der Kategorie unterscheiden sie sich durch die Ausprägung ihrer Eigenschaften – beispielsweise durch die Größe, die Farbe und das Material.

Damit ist die Kategorisierung jedoch noch nicht abgeschlossen. Darüber hinaus ist es üblich, Gegenstände auch in übergeordnete Kategorien einzuordnen. Ein Teller gehört beispielsweise zum Geschirr, das darüber hinaus jedoch auch Tassen, Gläser und Schüsseln umfasst. Das Geschirr könnte man wiederum in die Kategorie Haushaltswaren einordnen. Auf diese Weise lassen sich sehr viele unterschiedliche Kategorien erstellen. Alle Objekte, die darin enthalten sind, weisen gewisse Gemeinsamkeiten auf.

Die objektorientierte Programmierung nimmt diese Eigenschaften von natürlichen Objekten auf. Sie erzeugt Kategorien, die hierbei als Klassen bezeichnet werden. Sie geben vor, welche grundsätzlichen Attribute einen Gegenstand, der zu einer bestimmten Klasse gehört, prägen. Diese können dann bei jedem einzelnen Objekt eine spezifische Ausprägung annehmen. Darüber hinaus gibt es übergeordnete Klassen, die die Eigenschaften der nachgeordneten Kategorien zusammenfassen.

Darüber hinaus ist es möglich, mit einem Objekt bestimmte Aktionen durchzuführen. Einen Teller kann man beispielsweise zum Essen verwenden und anschließend abwaschen. Die objektorientierte Programmierung umfasst daher auch bestimmte Tätigkeiten. Diese werden hier als Methoden bezeichnet.

Die Objektorientierung erlaubt es zum einen, ein wirklichkeitsgetreueres Abbild von Gegenständen zu nutzen, als dies bei der herkömmlichen Programmierung der Fall ist. Zum anderen können einmal definierte Objekte und Methoden beliebig oft wiederverwendet werden. Das trägt zu einer hohen Effizienz beim Programmieren bei.

9.2 Die Klasse: Vorlage für Objekte

Um mit Objekten zu arbeiten, ist es zunächst notwendig, eine Klasse zu definieren. Diese stellt eine Vorlage für ein Objekt dar. Nur wenn eine entsprechende Klasse vorhanden ist, lässt sich ein Objekt erzeugen. Um diese zu definieren, ist es notwendig, den Schlüsselbegriff `class` zu verwenden. Danach stehen innerhalb einer geschweiften Klammer alle Vorgaben, die für die Klasse notwendig sind. Daraufhin folgt ein Semikolon. Die grundlegende Struktur einer Klasse sieht wie folgt aus:

```
class Klassenname
{
      Member
      Methoden
};
```

Die Struktur macht bereits deutlich, dass in einer Klasse normalerweise sowohl Member als auch Methoden definiert werden. Member sind die Attribute eines Objekts. Diese bestehen aus bestimmten Eigenschaften, die für den betreffenden Gegenstand von Bedeutung sind. Sie nehmen die Form von Variablen an. Hinzu kommen Methoden. Dabei handelt es sich um bestimmte Aktionen, die mit einem Objekt erzeugt werden können. Sowohl die Erzeugung der Member als auch der Methoden wird in den folgenden Absätzen detaillierter vorgestellt.

Auch bei Klassen gilt, dass diese entweder vor dem Beginn der `main`-Funktion oder in einer eigenen Datei definiert werden können. Welche dieser beiden Alternativen sinnvoll ist, hängt von der Größe der Dateien ab. Bei kleinen Programmen ist es einfacher, die Klassen einfach oberhalb der `main`-Funktion anzugeben. Bei komplizierten Aufgaben empfiehlt es sich hingegen, separate Dateien zu verwenden.

9.3 Die Attribute eines Objekts

Jedes Objekt der realen Welt hat unzählige Eigenschaften. Diese in ihrer Gesamtheit in die Klasse aufzunehmen, wäre mit einem enormen Arbeitsaufwand verbunden. Daher besteht der erste Schritt stets darin, sich zu überlegen, welche Eigenschaften für das Programm von Bedeutung sind. Dabei kommt es häufig vor, dass sich die benötigten Merkmale beim gleichen Objekt unterscheiden können – je nachdem, welche Aufgabe das Programm übernehmen soll. Um beim Beispiel des Tellers zu bleiben: Wenn ein Händler ein Programm benötigt, um sein Sortiment zu erfassen, sind für die Beschreibung Werte wie die Größe, die Farbe, das Material und der Preis erforderlich. Wenn es sich hingegen um ein Programm für eine vollautomatische Geschirrspülmaschine handelt, sind hierbei andere Eigenschaften von Bedeutung. Attribute wie die Größe und das Material spielen hier ebenfalls eine Rolle, sodass sie in die Klasse aufgenommen werden sollten. Die Farbe und der Preis sind jedoch vollkommen unbedeutend. Anstatt dessen ist es wichtig, zu wissen, ob der Teller sauber oder schmutzig ist. Das zeigt, dass es stets notwendig ist, die Auswahl der Member an die spezifische Aufgabe anzupassen.

Entsprechend der im vorherigen Abschnitt vorgestellten Struktur ist es nun möglich, die entsprechenden Member in die Klasse einzufügen:

```
class teller
{
      float groesse;
      string farbe;
      string material;
      float preis;
};
```

Um ein Objekt zu erzeugen, ist es lediglich notwendig, den Namen der Klasse und anschließend eine Bezeichnung für das zu erzeugende Objekt anzugeben: `teller MeinTeller;` Das Objekt wird daraufhin wie eine Variable behandelt und ist über seinen Namen erreichbar.

Wer sich noch an die Programme in Kapitel 8 erinnert, wird nun sicherlich bemerken, dass Klassen eigentlich vollkommen gleich aufgebaut sind wie Strukturen. Beide Möglichkeiten enthalten einen Datensatz, der für die Verarbeitung eines Gegenstands sinnvoll zusammengefasst wird. Die Gemeinsamkeiten zwischen Klassen und Strukturen sind in der Tat recht groß. Die Objektorientierung bietet neben der Definition der Member jedoch noch einige weitere Möglichkeiten, die bei Strukturen ursprünglich nicht enthalten waren. Hierzu zählen Methoden, um bestimmte Aktionen mit den Objekten durchzuführen und die Verteilung von Zugriffsrechten. Eine Besonderheit von C++ besteht darin, dass hierbei Strukturen auch Methoden und Zugriffsrechte enthalten können, obwohl dies nicht ihrer eigentlichen Aufgabe entspricht. Das führt dazu, dass sie vollkommen kompatibel zu Klassen sind. Anstatt der Definition einer Klasse wäre es daher auch möglich, eine Struktur zu erzeugen. Dass es dennoch einen kleinen Unterschied gibt, wird deutlich, wenn man auf die einzelnen Member zugreifen will. Das soll folgendes Programm verdeutlichen:

```
#include <iostream>
#include <string>
using namespace std;
class teller
{
	float groesse;
	string farbe;
	string material;
	float preis;
};

int main ()
{
	teller Teller1;

	Teller1.groesse = 20;
}
```


Wenn man versucht, dieses zu kompilieren, erfolgt folgende Fehlermeldung:

Screenshot 37 Die Fehlermeldung beim Kompilieren des Programms

Der Zugriff auf das Member `groesse` erfolgt in diesem Programm genau wie bei der Verwendung einer Struktur. Das hat jedoch zur Folge, dass der Compiler eine Fehlermeldung zurückgibt. Der Grund hierfür besteht in den Zugriffsrechten. Sowohl bei Strukturen als auch bei Klassen ist es möglich, die Rechte für den Zugriff auf ein Member vorzugeben. Dazu dienen die Schlüsselbegriffe `public` und `private`. Wenn ein Member als `private` deklariert wird, ist der Zugriff nur innerhalb der Klasse erlaubt. Ist es hingegen als `public` gekennzeichnet, ist es möglich, auch von außerhalb darauf zuzugreifen. Der Unterschied zwischen Strukturen und Klassen liegt lediglich darin, dass bei Strukturen alle Member als öffentlich gelten, wenn keine anderslaurtenden Angaben gemacht werden. Bei Klassen sind sie hingegen privat, wenn keine weiteren Vorgaben vorhanden sind. Um das oben beschriebene Programm lauffähig zu machen, ist es daher notwendig, die Member mit dem Begriff `public` zu kennzeichnen:

```
#include <iostream>
#include <string>

using namespace std;
class teller
{
     public:
     float groesse;
     string farbe;
     string material;
     float preis;
};

int main ()
{
     teller Teller1;

     Teller1.groesse = 20;
}
```

Nun kann das Programm problemlos ausgeführt werden. Umgekehrt wäre es möglich. Innerhalb einer Struktur die einzelnen Bestandteile mit dem Begriff `private` zu kennzeichnen. Das hätte bei einem direkten Zugriff eine Fehlermeldung beim Kompilieren zur Folge.

Dieser kleine Unterschied mag zwar unscheinbar wirken, doch zeigt er auf, dass bei Klassen der öffentliche Zugriff auf ein Member nicht vorgesehen ist. Das eben beschriebene Hilfsmittel, das Member als `public` zu definieren, sollte daher im Normalfall nicht angewendet werden. Die objektorientierte Programmierung verfolgt das Prinzip der Kapselung. Das bedeutet, dass die im Objekt enthaltenen Daten geschützt werden. Es ist nicht vorgesehen sie von außerhalb auf direktem Wege zu manipulieren. Wenn dennoch ein Zugriff notwendig ist, sollen hierfür Methoden zum Einsatz kommen. Diese führen nur eine genau definierte Aktion durch und führen daher zu einem besseren Schutz der Daten. Wie man Methoden anwendet, wird im nächsten Abschnitt erläutert.

9.4 Methoden: spezielle Funktionen für Objekte

Bereits im vorherigen Abschnitt wurde angesprochen, dass auf die Member einer Klasse in der Regel nicht direkt zugegriffen werden soll. Das dient dazu, die Daten zu schützen. Vielmehr stehen hierfür Methoden bereit, die einen externen Zugriff ermöglichen. Diese stehen innerhalb der Klasse und können daher problemlos auf die einzelnen Member zugreifen. Dennoch haben sie eine genau abgegrenzte Funktionsweise. Das bedeutet, dass von außerhalb des Programms die Member nicht beliebig verändert werden können, sondern lediglich auf die Art und Weise, die genau in den Methoden definiert wurde.

Methoden zu definieren, ist sehr einfach. Das liegt daran, dass sie genau gleich aufgebaut sind wie eine Funktion. Der Unterschied besteht lediglich darin, dass Methoden innerhalb der Klasse definiert werden und gewöhnliche Funktionen an anderer Stelle. Wenn Methoden definiert werden, ist es wichtig, darauf zu achten, diese als öffentlich zu deklarieren. Sonst ist kein Zugriff auf sie möglich. Nur in seltenen Fällen sind Methoden privat. Das ist dann sinnvoll, wenn sie lediglich als Hilfsfunktionen dienen, auf die aus anderen Methoden innerhalb der Klasse zugegriffen wird.

Von besonderer Bedeutung sind die `get`- und `set`-Methoden. Diese rufen den Wert eines Members ab beziehungsweise weisen diesem einen neuen Wert zu. Da ein direkter Zugriff nicht möglich ist, sind diese Methoden für einen sinnvollen Umgang mit Objekten unverzichtbar. Das folgende Beispiel zeigt, wie das Programm aus dem vorherigen Abschnitt durch die Verwendung einer `set`-Methode ebenfalls lauffähig wird, ohne die Member öffentlich zu machen. Darüber hinaus sind `get`- und `set`-Methoden für alle übrigen Member definiert. Obwohl diese vorerst nicht benötigt werden, ist es sinnvoll, diese bei jedem Objekt anzugeben, um sinnvoll mit ihm arbeiten zu können. Lediglich bei Werten, die stets unverändert bleiben sollen, ist es sinnvoll, keine `set`-Methode zu implementieren. Auf diese Weise wird eine ungewollte Änderung verhindert.

```
#include <iostream>
#include <string>
using namespace std;

class teller
{
     float groesse;
     string farbe;
     string material;
     float preis;

     public:

     void setGroesse (float g)
     {
          groesse = g;
     }
     float getGroesse ()
     {
          return groesse;
     }
     void setFarbe (string f)
     {
          farbe = f;
     }
     string getFarbe ()
     {
          return farbe;
     }

     void setMaterial (string m)
     {
          material = m;
     }
     string getMaterial ()
```

```
        {
                return material;
        }

        void setPreis (float p)
        {
                preis = p;
        }
        float getPreis ()
        {
                return preis;
        }
};

int main ()
{
        teller Teller1;

        Teller1.setGroesse(20);
}
```


Die get- und set-Methoden sind nicht die einzigen Funktionen, die für Objekte infrage kommen. Darüber hinaus lassen sich damit auch beliebige weitere Aktionen durchführen. Wenn beispielsweise eine Rabattaktion ansteht, bei der der Preis um 20 Prozent reduziert werden soll, wäre es sinnvoll, folgende Methode einzufügen:

```
void rabatt ()
{
        preis *= 80/100;
}
```

In vielen Programmen ist noch eine weitere Methode vorhanden, die als Konstruktor bezeichnet wird. Dieser dient dazu, das Objekt bei der Erzeugung zu initialisieren. So werden allen Eigenschaften bereits konkrete Werte zugewiesen. In diesem Beispiel sieht der Konstruktor wie folgt aus:

```
teller(float g, string f, string m, float p) :

        groesse(g),
        farbe(f),
        material(m),
        preis(p)
{}
```

Daran wird deutlich, dass der Konstruktor etwas anders aufgebaut ist als eine gewöhnliche Methode. Die Angabe eines Datentyps für den Rückgabewert ist hierbei nicht erforderlich. Der Name des Konstruktors muss stets dem Klassennamen entsprechen. Falls die Werte für die einzelnen Member aus dem Hauptprogramm übermittelt werden, ist es notwendig, die entsprechenden Variablen für die Aufnahme der Übergabewerte zu deklarieren. Nun folgt keine geschweifte Klammer, sondern ein Doppelpunkt. Danach werden jeweils durch ein Komma getrennt alle Member aufgeführt und in einer Klammer dahinter der Wert, den sie erhalten sollen. Danach folgt eine leere geschweifte Klammer. Um den Konstruktor zu nutzen, wäre folgende Befehlszeile notwendig: `teller Teller1 = teller(21, "braun", "Porzellan", 4.99);`

Ein komplettes Programm mit einem Konstruktor sieht wie folgt aus. Um zu überprüfen, ob die entsprechenden Objekte tatsächlich im Objekt gespeichert wurden, werden sie abschließend auf dem Bildschirm ausgegeben:

```
#include <iostream>
#include <string>
using namespace std;

class teller
{
	float groesse;
	string farbe;
	string material;
	float preis;

	public:

	teller(float g, string f, string m, float p) :

		groesse(g),
		farbe(f),
		material(m),
		preis(p)
	{}

	void setGroesse (float g)
	{
		groesse = g;
```

```
        }
        float getGroesse ()
        {
            return groesse;
        }
        void setFarbe (string f)
        {
            farbe = f;
        }
        string getFarbe ()
        {
            return farbe;
        }

        void setMaterial (string m)
        {
            material = m;
        }
        string getMaterial ()
        {
            return material;
        }

        void setPreis (float p)
        {
            preis = p;
        }
        float getPreis ()
        {
            return preis;
        }
        void rabatt ()
        {
            preis *= 80/100;
        }
};
int main ()
{
    teller Teller1 = teller(21, "braun", "Porzellan", 4.99);

    cout << Teller1.getGroesse() << endl;
    cout << Teller1.getFarbe() << endl;
    cout << Teller1.getMaterial() << endl;
    cout << Teller1.getPreis() << endl;
}
```

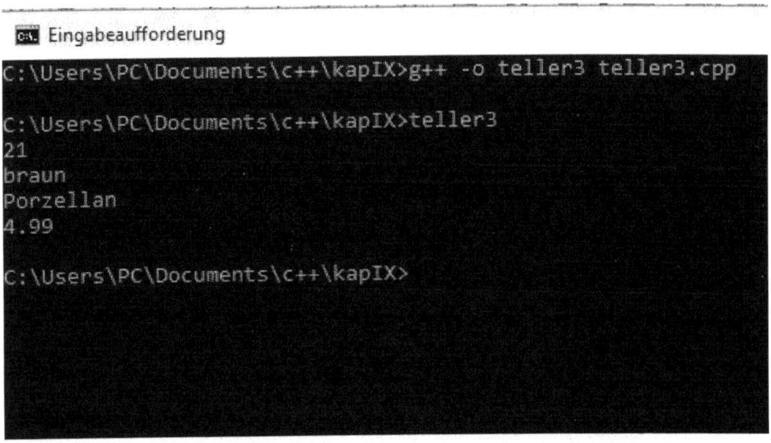

Screenshot 38 Die Ausgabe der Eigenschaften des Objekts

Der Konstruktor kann nicht nur die Werte eines Objekts initialisieren. Er kann auch Methoden aufrufen. Diese stehen zwischen den geschweiften Klammern. Es wäre beispielsweise möglich, die Ausgabe der Eigenschaften nicht ins Hauptprogramm, sondern zusammen mit einer Erfolgsmeldung in eine eigene Methode zu schreiben. Diese ruft der Konstruktor dann automatisch auf, wenn er ein neues Objekt erzeugt. Die entsprechende Methode sieht wie folgt aus:

```
void erfolgsmeldung()
      {
            cout << "Objekt Teller erfolgreich erstellt: "
            << endl;

            cout << groesse << endl;
            cout << farbe << endl;
            cout << material << endl;
            cout << preis << endl;
      }
```

Da diese Methode nur der Konstruktor aufruft, der ja innerhalb der Klassendefinition steht, ist es sinnvoll, sie in den privaten Bereich der Klasse zu schreiben. Der Konstruktor müsste daraufhin wie folgt angepasst werden:

```
teller(float g, string f, string m, float p) :

          groesse(g),
          farbe(f),
          material(m),
          preis(p)
     {erfolgsmeldung();}
```

Das Hauptprogramm muss dann nur noch den Konstruktor aufrufen und nicht mehr die Werte ausgeben.

9.5 Vererbung von Attributen und Methoden

Der Händler aus dem bisherigen Beispiel will nun nicht mehr nur Teller verkaufen. Er hat vor, sein Sortiment auszubauen und auch anderes Geschirr anzubieten. Daher soll das Sortiment nun neben Tellern auch Tassen, Gläser und Schüsseln umfassen. Daher ist es notwendig, auch für diese Artikel eine passende Klasse zu gestalten. Dabei gilt es zu beachten, dass einige Attribute für alle Produkte aus dem Bereich Geschirr von Bedeutung sind. Dazu gehören beispielsweise die Eigenschaften Größe, Farbe, Material und Preis, die bereits in der Klasse Teller verwendet wurden. Hinzu kommen jedoch auch Merkmale, die nur für einen bestimmten Typ von Bedeutung sind: Bei einer Schüssel wäre es beispielsweise sinnvoll, zu wissen, ob ein Deckel enthalten ist, bei einem Glas ist der Inhalt von Bedeutung und bei Tassen möchten die Kunden häufig wissen, ob dabei bereits eine Untertasse enthalten ist. Bei einem Teller wäre es empfehlenswert, noch hinzuzufügen, ob es sich um eine flache oder um eine tiefe Ausführung handelt.

Selbstverständlich ist es nun möglich, für jedes Objekt eine eigene Klasse von Grund auf zu erstellen. Allerdings wäre das mit viel Schreibarbeit verbunden. Zwar ist es möglich, die Bestandteile, die bei allen Klassen gleich sind, einfach zu kopieren. Aber dennoch bedeutet dies einen großen Aufwand. Anstatt dessen ist es sinnvoller, mit Vererbungen zu arbeiten.

Wie bereits im Kapitel 9.1 erklärt, werden in der realen Welt verschiedene Gruppen von Objekten in übergeordnete Kategorien eingeteilt. In diesem Beispiel wäre es möglich, Teller, Tassen, Gläser und Schüsseln in der Kategorie Geschirr zusammenzufassen. Auch in der objektorientierten Programmierung ist es sinnvoll, übergeordnete Klassen zu erstellen. Diese sollte alle Attribute umfassen, die für alle Unterkategorien gelten – in diesem Fall also Größe, Farbe, Material und Preis. Außerdem sollten der Konstruktor und die entsprechenden `get`- und `set`-Methoden enthalten sein. Da die Ausgangswerte mittlerweile per Konstruktor angegeben werden ist es jedoch nicht mehr notwendig, `set`-Methoden für nicht-veränderbare Werte wie die, Größe, das Material und die Farbe zu schreiben. Die Klasse ist daher beinahe identisch mit der Klasse teller, die im vorherigen Abschnitt verwendet wurde. Es ist lediglich notwendig, die Namen der Klasse und des Konstruktors anzupassen und die überflüssigen `set`-Methoden zu entfernen.

Die Attribute und Methoden der Klasse `geschirr` lassen sich nun auf die verschiedenen Unterkategorien übertragen – es findet also eine Vererbung statt. Die untergeordnete Klasse für Teller könnte wie folgt aussehen:

```
class teller : public geschirr
{
        bool flach;

        public:
        teller(float g, string f, string m, float p, bool fl) :
                geschirr(g, f, m, p),
                flach(fl)
                {}

        bool getFlach()
        {
                return flach;
        }
};
```

Zunächst ist es auch hierbei notwendig, den Klassennamen anzugeben. Danach folgen jedoch ein Doppelpunkt und anschließend der Schlüsselbegriff `public` und der Name der übergeordneten Klasse. Das macht deutlich, dass die Klasse `teller` eine Erweiterung der Klasse `geschirr` ist und dass deren öffentliche Member und Methoden ebenfalls öffentlich zugänglich sein sollen.

Danach erfolgt das zusätzliche Member `flach`. Dieses soll mit einer booleschen Variable angeben, ob der Teller flach oder tief ist. Alle weiteren Member wurden bereits in `geschirr` definiert und müssen nun nicht nochmals aufgelistet werden.

Anschließend folgt der Konstruktor. Dieser muss zunächst alle Variablen definieren, die für die Übernahme der Werte aus dem Hauptprogramm notwendig sind. Danach ruft er den Konstruktor der Klasse `geschirr` auf und hängt daran lediglich das eigene Member flach an.

Als einzige Methode wird `getFlach` definiert. Alle weiteren Methoden sind bereits in `geschirr` enthalten und können daher auch in dieser Klasse verwendet werden. Der folgende Code gibt ein vollständiges Programm wieder, das die entsprechenden Klassen definiert, ein Objekt erzeugt und dessen Inhalt zur Kontrolle ausgibt.


```
#include <iostream>
#include <string>
using namespace std;
class geschirr
{
	float groesse;
	string farbe;
	string material;
	float preis;

	public:
	geschirr(float g, string f, string m, float p) :

		groesse(g),
		farbe(f),
		material(m),
		preis(p)
	{}

	float getGroesse ()
	{
		return groesse;
	}
```

```
    string getFarbe ()
    {
        return farbe;
    }
    string getMaterial ()
    {
        return material;
    }

    void setPreis (float p)
    {
        preis = p;
    }


    float getPreis ()
    {
        return preis;
    }
};

class teller : public geschirr
{
    bool flach;
    public:
    teller(float g, string f, string m, float p, bool fl) :
        geschirr(g, f, m, p),
        flach(fl)
        {}

    bool getFlach()
    {
        return flach;
    }
};

int main ()
{
    teller Teller1 = teller(21, "braun", "Porzellan", 4.99,
    true);
    cout << Teller1.getGroesse() << endl;
    cout << Teller1.getFarbe() << endl;
    cout << Teller1.getMaterial() << endl;
    cout << Teller1.getPreis() << endl;
    cout << Teller1.getFlach() << endl;
}
```

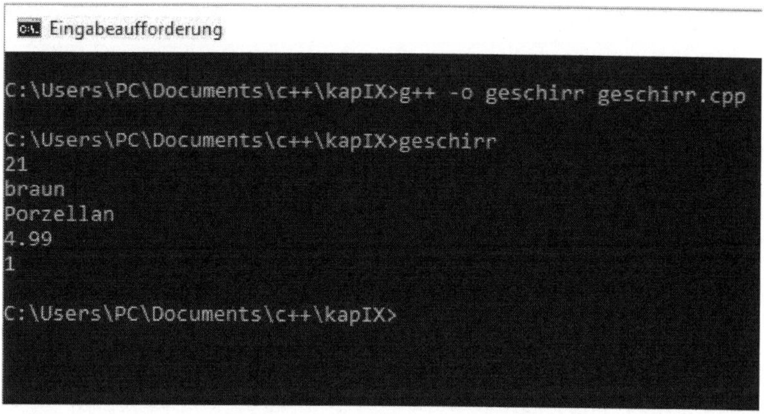

Screenshot 39 Die Ausgabe der Inhalte des Objekts Teller1

Die Vererbung erleichtert nicht nur die Programmierung. Darüber hinaus gestaltet sie insbesondere die Wartung erheblich effizienter. Wenn beispielsweise der Händler feststellt, dass viele Kunden danach fragen, ob das Geschirr spülmaschinenfest ist, wäre es sinnvoll, diese Information ebenfalls in das Programm aufzunehmen. Sollte er nun für Schüsseln, Teller, Tassen und Gläser jeweils eigenständige Klassen erstellt haben, wäre es notwendig, diese Änderung in jeder von ihnen umzusetzen. Wenn er hingegen eine übergeordnete Klasse Geschirr verwendet, muss er das neue Member nur einmal hinzufügen. Daraufhin ist es in allen untergeordneten Klassen verfügbar.

9.6 Übungsaufgabe: mit Objekten arbeiten

1. Der Händler benötigt nun nicht nur ein Programm für die Verwaltung der Produkte, sondern auch für seine Mitarbeiter. Erstellen Sie die Klasse `mitarbeiter`, die den Vornamen, den Nachnamen, die Mitarbeiternummer und das Gehalt umfasst. Schreiben Sie einen Konstruktor und die `get`-Methoden für alle Member. Da sich das Gehalt im Laufe der Zeit ändern kann, ist hierfür auch eine `set`-Methode notwendig. Schreiben Sie ein Hauptprogramm, das alle Attribute ausgibt.

2. Die Ausgabe der Werte aller Member eines Objekts kommt recht häufig vor. Fügen Sie in die eben erstellte Klasse daher die Methode `show` ein, die diese Aufgabe automatisch übernimmt. Das Hauptprogramm muss nun lediglich diese Methode aufrufen.
3. Das Programm aus Kapitel 9.5 beinhaltet nur die Unterklasse `Teller`. Der Grund für die Erstellung einer übergeordneten Klasse lag jedoch darin, dass auch Tassen, Gläser und Schüsseln angeboten werden sollen. Erstellen Sie die entsprechenden Klassen als Ableitung der Klasse `geschirr` und fügen Sie jeweils ein Member hinzu, das angibt, ob bei Tassen eine Untertasse enthalten ist, ob eine Schüssel über einen Deckel verfügt und welchen Inhalt ein Glas hat.

Schreiben Sie die Klassen der Übersichtlichkeit halber in eine externe Datei. Erzeugen Sie im Hauptprogramm zu jeder Klasse ein Objekt und geben Sie zur Kontrolle jeweils ein beliebiges Attribut aus.

Lösungen:

1.

```
#include <iostream>
#include <string>

using namespace std;

class mitarbeiter
{
	string vorname;
	string nachname;
	int nummer;
	float gehalt;

	public:

	mitarbeiter(string v, string n, int nr, float g) :

		vorname(v),
		nachname(n),
		nummer(nr),
		gehalt(g)
	{}

	string getVorname ()
	{
		return vorname;
	}

	string getNachname ()
	{
		return nachname;
	}

	int getNummer ()
	{
		return nummer;
	}
	float getGehalt ()
	{
		return gehalt;
	}

	void setGehalt (float g)
	{
		gehalt = g;
```

```
    }
};

int main ()
{
    mitarbeiter meinMitarbeiter = mitarbeiter
    ("Sebastian", "Becker", 10011, 2400);

    cout << meinMitarbeiter.getVorname() << endl;
    cout << meinMitarbeiter.getNachname() << endl;
    cout << meinMitarbeiter.getNummer() << endl;
    cout << meinMitarbeiter.getGehalt() << endl;

}
```

2.

```
#include <iostream>
#include <string>

using namespace std;

class mitarbeiter
{
    string vorname;
    string nachname;
    int nummer;
    float gehalt;

    public:
    mitarbeiter(string v, string n, int nr, float g) :
        vorname(v),
        nachname(n),
        nummer(nr),
        gehalt(g)
    {}
    string getVorname ()
    {
        return vorname;
    }

    string getNachname ()
    {
        return nachname;
    }

    int getNummer ()
    {
        return nummer;
```

```
        }

        float getGehalt ()
        {
                return gehalt;
        }

        void setGehalt (float g)
        {
                gehalt = g;
        }

        void show ()
        {
                cout << vorname << endl;
                cout << nachname << endl;
                cout << nummer << endl;
                cout << gehalt << endl;
        }
};

int main ()
{
        mitarbeiter meinMitarbeiter = mitarbeiter
        ("Sebastian", "Becker", 10011, 2400);

        meinMitarbeiter.show();
}
```

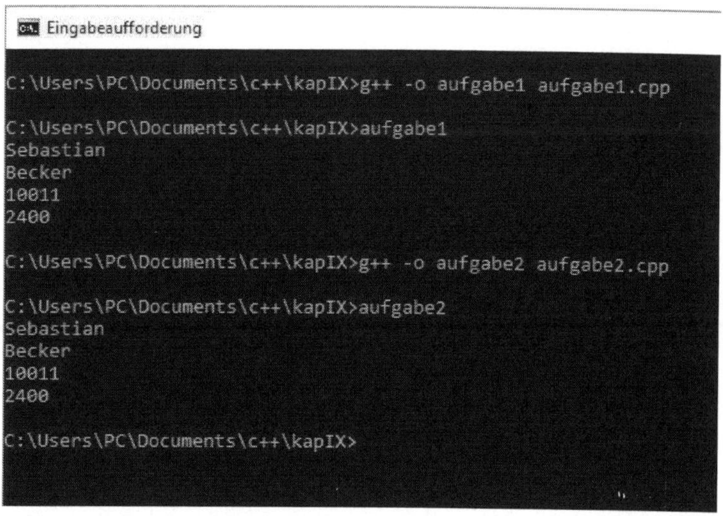

Screenshot 40 Die Ausgabe ist bei Aufgabe 1 und 2 identisch.

3.

Definition der Klassen:

```
#include <iostream>
#include <string>

using namespace std;

class geschirr
{
      float groesse;
      string farbe;
      string material;
      float preis;
      public:
      geschirr(float g, string f, string m, float p) :
            groesse(g),
            farbe(f),
            material(m),
            preis(p)
      {}
      float getGroesse ()
      {
            return groesse;
      }

      string getFarbe ()
      {
            return farbe;
      }

      string getMaterial ()
      {
            return material;
      }

      void setPreis (float p)
      {
            preis = p;
      }
      float getPreis ()
      {
            return preis;
      }
};

class teller : public geschirr
```

```
{
      bool flach;

      public:
      teller(float g, string f, string m, float p, bool fl) :
            geschirr(g, f, m, p),
            flach(fl)
            {}

      bool getFlach()
      {
            return flach;
      }
};

class tasse : public geschirr
{
      bool untertasse;
      public:
      tasse(float g, string f, string m, float p, bool u) :
            geschirr(g, f, m, p),
            untertasse(u)
            {}

      bool getUntertasse()
      {
            return untertasse;
      }
};


class schuessel : public geschirr
{
      bool deckel;

      public:
      schuessel(float g, string f, string m, float p, bool d) :
            geschirr(g, f, m, p),
            deckel(d)
            {}

      bool getDeckel()
      {
            return deckel;
      }
};
```

```
class glas : public geschirr
{
	int inhalt;

	public:
	glas(float g, string f, string m, float p, int i) :
		geschirr(g, f, m, p),
		inhalt(i)
		{}

	int getInhalt()
	{
		return inhalt;
	}
};
```

Hauptprogramm:

```
#include <iostream>
#include "klassen_geschirr.h"

using namespace std;

int main ()
{
	teller Teller1 = teller(21, "braun", "Porzellan",
	4.99, true);
	tasse Tasse1 = tasse(6, "rot", "Porzellan", 2.49, true);
	schuessel Schuessel1 = schuessel(30, "blau",
	"Kunststoff", 5.29, false);
	glas Glas1 = glas (5, "transparent", "Glas", 0.79, 200);

	cout << Teller1.getGroesse() << endl;
	cout << Tasse1.getUntertasse() << endl;
	cout << Schuessel1.getMaterial() << endl;
	cout << Glas1.getInhalt() << endl;
}
```

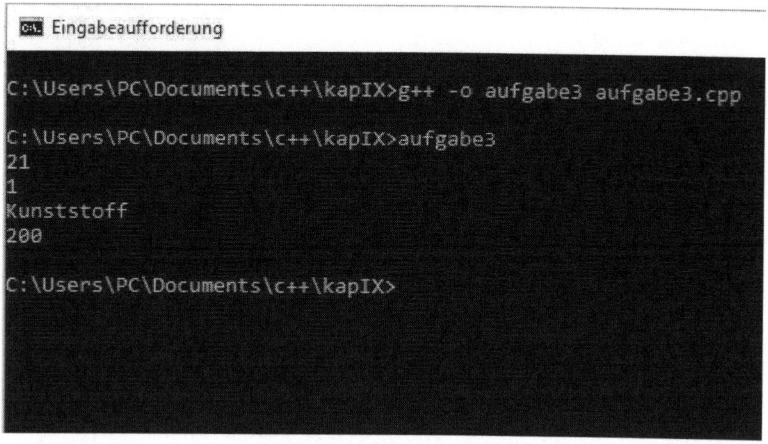

Screenshot 41 Die Ausgabe einiger Attribute der verschiedenen Objekte

Alle Programmcodes aus diesem Buch sind als PDF zum Download verfügbar. Dadurch müssen Sie sie nicht abtippen:
https://bmu-verlag.de/books/cpp_programmieren/

Außerdem erhalten Sie die eBook Ausgabe zum Buch im PDF Format kostenlos auf unserer Website:

https://bmu-verlag.de/books/cpp_programmieren/
Downloadcode: siehe Kapitel 15

Kapitel 10
Zeiger verwenden

In der Einleitung wurde bereits angesprochen, dass sich C++ dadurch auszeichnet, dass diese Programmiersprache einen direkten Zugriff auf die Hardware ermöglicht. Das ist insbesondere dann wichtig, wenn man einen Treiber für ein bestimmtes Gerät entwickeln oder sogar ein Betriebssystem entwerfen will. Es gibt jedoch auch Programme, die nicht in den Bereich der Systemprogrammierung fallen und dennoch direkt auf die Hardware zugreifen. Insbesondere bei der Nutzung des Arbeitsspeichers ist dies häufig sinnvoll. Hierfür kommen Zeiger zum Einsatz, die entsprechend ihrer englischen Bezeichnung häufig auch Pointer genannt werden. Das folgende Kapitel stellt vor, was Zeiger eigentlich sind, wie sie funktionieren und welche Möglichkeiten sie bieten.

10.1 Was sind Zeiger und wozu dienen sie?

Als in Kapitel 4 die Variablen eingeführt wurden, wurde erklärt, dass man sich diese wie ein Regalsystem vorstellen kann. Es gibt dabei Fächer mit unterschiedlichen Größen, die verschiedene Variablentypen enthalten können. Jedes Fach bekommt einen Namen, der es möglich macht, den entsprechenden Inhalt zu finden und auf ihn zuzugreifen. Dieses Bild ist zwar leicht verständlich, um die tatsächlichen Mechanismen des Arbeitsspeichers zu verstehen, ist es jedoch sinnvoll, es noch etwas zu verfeinern.

Die Informationen, die in den Variablen enthalten sind, lassen sich in kleinere Einheiten unterteilen – bis hin zu einzelnen Bytes. Daher ist es notwendig, sich das Regal nicht mit unterschiedlich großen Fächern vorzustellen. Anstatt dessen enthält es eine sehr große Anzahl an einzelnen Abschnitten mit konstanter Größe. Wenn nun ein großer Gegenstand im Regal abgelegt wird, wird nicht die

Regalgröße angepasst. Anstatt dessen wird er in Stücke geteilt und auf mehrere Fächer aufgeteilt. Die Größe entspricht nun nicht mehr der Fachgröße, sondern der Anzahl der einzelnen Fächer, die belegt werden.

Wenn der Programmierer nun eine Variable deklariert, wird im Arbeitsspeicher – beziehungsweise im Regalsystem – eine bestimmte Anzahl an Bereichen reserviert, die der Größe des verwendeten Variablentyps entspricht. Dabei ist es wichtig, zu wissen, wo der Startpunkt liegt und wie viele Fächer der entsprechenden Variablen zugeordnet sind. Das Programm verbindet diese Informationen mit dem Variablennamen, um den Zugriff zu ermöglichen. Die einzelnen Fächer beziehungsweise Speicherbereiche sind dabei durchnummeriert. Daher ist es ganz einfach, eine eindeutige Positionsnummer zu bestimmen. Diese Information wird in der Informatik als Adresse bezeichnet.

Wenn man sich vor Augen führt, wie Variablen im Programm erfasst werden, wird deutlich, dass der Zugriff nicht nur über den Namen möglich ist. Alternativ dazu ist es auch möglich, die Adresse zu verwenden. Zu diesem Zweck dienen Zeiger. Diese enthalten nicht den Wert einer bestimmten Variablen, sondern ihren Speicherort. Zeiger bieten die Möglichkeit, das Verhalten des Programms sehr präzise zu beeinflussen. Allerdings ist bei ihrer Verwendung eine hohe Sorgfalt notwendig. Durch eine nicht sachgerechte Manipulation der Zeiger ist es möglich, Effekte hervorzurufen, die zu einem Absturz führen. Daher ist es wichtig, alle Befehle genau zu kontrollieren.

10.2 Adressen von Variablen

Den Variablen einen Namen zu geben und auf diese Weise auf sie zuzugreifen, ist sehr praktisch. Eine derartige Bezeichnung ist einfach zu merken und wenn man hierfür sprechende Bezeichnungen verwendet, wird bereits auf den ersten Blick klar, wozu die entsprechenden Werte dienen. Allerdings ist es nicht immer sinnvoll, mit Variablennamen zu arbeiten. Ein Beispiel hierfür ist in diesem Buch bereits vorgekommen: der Eintrag von Werten in ein Array bei Verwendung einer `for-each`-Schleife. Daher soll dieses Programm, das in Kapitel 6.4 vorgestellt wurde, als Beispiel dienen.

Die Schleife sah dabei folgendermaßen aus:

```
for (int &wert : zahlen)
{
    std::cout << "Geben Sie einen Wert ein: ";
    std::cin >> wert;
}
```

Zur Erinnerung: In dieser Schleife werden die einzelnen Felder eines Arrays (das in diesem Beispiel den Namen `zahlen` trägt) einzeln durchgegangen. Innerhalb der Schleife ist es dann möglich, verschiedene Aktionen mit den Werten durchzuführen. Die Inhalte des entsprechenden Array-Felds werden in einer eigenen Variable abgespeichert, die innerhalb der runden Klammer definiert wird.

Solange die Werte des Arrays nur zur Ausgabe dienen, ist die Verwendung der `for-each`-Schleife problemlos möglich. Sobald jedoch Werte in das Array geschrieben werden, kommt es zu Schwierigkeiten. Leser, die das &-Zeichen gelöscht und das Programm anschließend ausgeführt haben, stellten fest, dass die Werte nicht im Array gespeichert wurden.

Der Grund dafür ist relativ einfach erklärt: Die Schleife hat keinen direkten Zugriff auf das Array-Feld. Anstatt dessen wird der Inhalt des Feldes kopiert und in einer eigenen Variable gespeichert. Wenn man nun die Inhalte verändern will, hat dies jedoch nur Auswirkungen auf die Kopie. Das Original wird dabei nicht beeinflusst. Das `&`-Zeichen, das in diesem Fall auch als Referenz-Operator bezeichnet wird, sorgt jedoch dafür, dass die Variable `wert` genau an der gleichen Stelle abgelegt wird, wie das entsprechende Array-Feld. Wenn man nun den Wert dieser Variable ändert, beeinflusst das automatisch auch den Wert im Array, da dieser ja genau an der gleichen Stelle abgespeichert ist. Das folgende Programm soll die Verwendung der Adressen verdeutlichen:

```
#include <iostream>
using namespace std;

int main ()
{
    int a[3] = {1, 2, 3};

    for (int i = 0; i < 3; i++)
    {
        cout << a[i] << endl;
        cout << &a[i] << endl << endl;
    }
    cout << endl << endl;
    for (int inhalt : a)
    {
        cout << inhalt << endl;
        cout << &inhalt << endl << endl;
    }
}
```

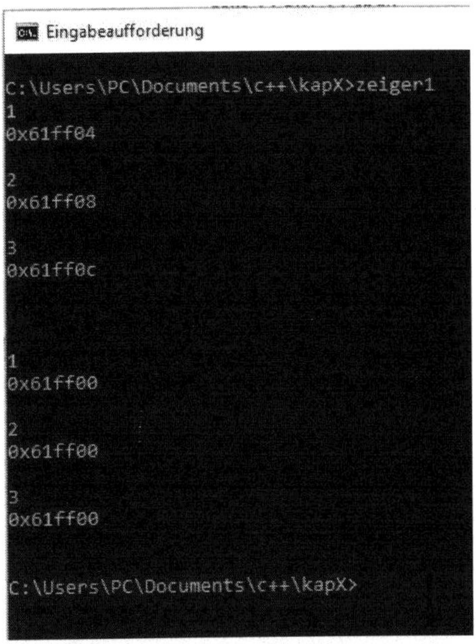

Screenshot 42 Die Ausgabe der Werte und der Adressen der Arrayfelder

Dieses Programm enthält zwei Schleifen. Beide geben die Inhalte eines Arrays aus. Zunächst kommt eine `for`-Schleife zum Einsatz, die direkt auf das Array zugreift. Danach steht eine `for-each`-Schleife, die Werte des Arrays in einer weiteren Variable speichert. Zusätzlich wird in jedem Durchgang die Adresse angezeigt – in der ersten Schleife der Array-Felder und in der zweiten Schleife der Variablen, die zum Speichern der Werte zum Einsatz kommt. Die Anzeige der Adresse erfolgt durch das Voranstellen des `&`-Zeichens vor den Namen des Array-Felds beziehungsweise der Variablen. Nun wird deutlich, dass die Inhalte zwar die gleichen sind. Die Adressen unterscheiden sich jedoch.

Im nächsten Schritt soll eine kleine Änderung im Programm vorgenommen werden. In der Zeile, die die `for-each`-Schleife definiert, soll der Variablen `inhalt` das `&`-Zeichen vorangestellt werden:

```
for (int &inhalt : a)
```


Der Rest des Programms bleibt unverändert. Wenn man es nun erneut ausführt, hat sich die Ausgabe verändert.

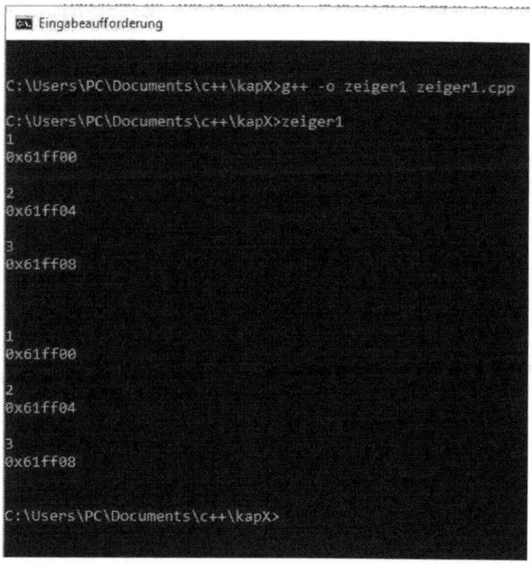

Screenshot 43 Die Ausgabe des abgeänderten Programms

Wenn man die Ausgabe der ersten und der zweiten Schleife vergleicht, fällt auf, dass nun nicht mehr nur die Werte, sondern auch die Adressen identisch sind. Durch das &-Zeichens wird die Variable `inhalt` genau an der gleichen Stelle abgelegt wie das Array-Feld, auf das sie sich bezieht.

Bislang wurden mithilfe des Referenz-Operators die Adressen von Variablen angezeigt oder für eine andere Variable übernommen. Aber was ist nun eigentlich ein Zeiger, um den sich dieses Kapitel eigentlich dreht? Zeiger sind Variablen, die keinen Wert aufnehmen, sondern eine Adresse. Sie werden durch den Variablentyp, auf den sie verweisen und durch das Stern-Symbol (*) deklariert:

```
int* zeiger;
```

Der Zugriff auf den Zeiger kann im Programm auf zwei unterschiedliche Weisen erfolgen. Entweder wird einfach der gewählte Variablennamen verwendet. In diesem Fall gibt das Programm die Adresse wieder. Wenn vor dem Namen jedoch das Stern-Symbol eingefügt wird, wird der Inhalt, der an der entsprechenden Adresse gespeichert ist, ausgegeben:

```
#include <iostream
using namespace std;

int main ()
{
    int zahl = 5;
    int* zeiger = &zahl;

    cout << "Zahl: " << zahl << endl;
    cout << "Zeiger ohne Stern: " << zeiger << endl;
    cout << "Zeiger mit Stern: " << *zeiger << endl;
}
```

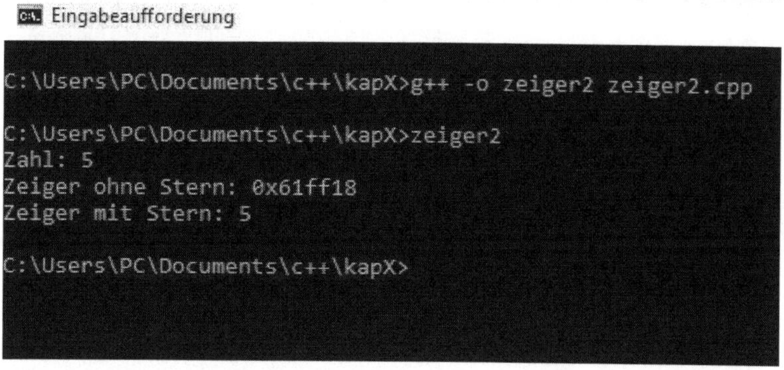

Screenshot 44 Die Ausgabe der Variablen zahl und des Zeigers mit und ohne Stern

Die Adresse, die der Zeiger speichern soll, wird ihm durch eine Variable mit vorgestelltem Referenz-Operator zugewiesen. Der Wert des Zeigers beträgt in diesem Beispiel 0x61ff18. An diesem Ort hat das Betriebssystem die Variable `zahl` abgespeichert. Dieser Wert kann sich jedoch bei jeder Ausführung ändern – je nachdem, wo es gerade einen freien Platz entdeckt, um die Variable abzuspeichern. Daher erscheinen bei jedem Leser unterschiedliche Werte bei der Ausführung dieses Programms.

Einige Leser fragen sich vielleicht an dieser Stelle, weshalb es notwendig ist, dem Zeiger einen Variablentyp zuzuweisen – schließlich enthält er lediglich eine Adresse. Allerdings gibt diese nur den Startpunkt an. Je nach Größe der Variablen kann diese unterschiedlich große Speicherbereiche einnehmen. Um zu erkennen, welche Bereiche zur entsprechenden Variable gehören, ist es wichtig, den Datentyp, der unter der zugehörigen Adresse gespeichert ist, ebenfalls zu kennen.

10.3 Zeiger in Funktionen verwenden

Häufig kommen Zeiger bei der Verwendung von Funktionen zum Einsatz. Der Grund dafür ist der gleiche wie bei der Verwendung der `for-each`-Schleife: Die Variablen, die hierfür übergeben werden, werden lediglich als Kopie abgespeichert. Häufig ist es jedoch erwünscht, dass die Funktion Variablen aus dem Hauptprogramm direkt bearbeitet. Selbstverständlich ist es hierbei möglich, wie gehabt mit Rückgabewerten zu arbeiten. Doch ist dies recht umständlich – insbesondere wenn die Funktion mehrere Variablen aus dem Hauptprogramm manipulieren soll. In diesem Fall wäre es notwendig, mit Arrays, Strukturen oder Objekten zu arbeiten und nach der Ausführung der Funktion im Hauptprogramm den Variablen die entsprechenden Werte zuzuweisen. Praktischer ist es, mit Adressen zu arbeiten.

Hierfür kommen grundsätzlich zwei Möglichkeiten infrage: die Verwendung des Referenz-Operators oder eines Zeigers. Die meisten Programmierer empfinden es als einfacher, den Referenz-Operator zu verwenden. Daher sind Zeiger in modernem C++-Code bei der Verwendung von Funktionen nicht mehr allzu geläufig. Das war jedoch nicht immer so. Referenzen stellen eine neuere Entwicklung dar, die nicht von Anfang an in C++ implementiert war. Wenn man auf älteren Code trifft, kommen daher zu diesem Zweck stets Zeiger zum Einsatz. Darüber hinaus ist es in C++ möglich, Code in der Programmiersprache C zu verwenden. Es gibt viele praktische Funktionen, die in C geschrieben sind, und die sich ganz einfach in ein C++-Programm einbauen lassen. C kennt jedoch keine Referenzen, sondern ausschließlich Zeiger. Aus diesen Gründen ist es sinnvoll, beide Alternativen zu beherrschen. Wenn man ein Programm von Grund auf selbst schreibt, kann man frei wählen, welche Möglichkeit zum Einsatz kommen soll.

Das erste Programm zeigt, was passiert, wenn man weder Zeiger noch Referenzen verwendet:

```
#include <iostream>

using namespace std;

void funktion (int zahl2)
{
    cout << "Adresse zahl2: " << &zahl2 << endl;
    zahl2 *= 2;
}
int main ()
{
```

```
    int zahl1 = 5;
    cout << "Zahl1 vor der Funktion: " << zahl1 << endl;
    cout << "Adresse: " << &zahl1 << endl;
    funktion (zahl1);
    cout << "Zahl1 nach der Funktion: " << zahl1 << endl;
}
```

Das zweite Programm verwendet Referenzen:

```
#include <iostream>
using namespace std;

void funktion (int& zahl2)
{
    cout << "Adresse zahl2: " << &zahl2 << endl;
    zahl2 *= 2;
}


int main ()
{
    int zahl1 = 5;
    cout << "Zahl1 vor der Funktion: " << zahl1 << endl;
    cout << "Adresse: " << &zahl1 << endl;
    funktion (zahl1);
    cout << "Zahl1 nach der Funktion: " << zahl1 << endl;
}
```

Das dritte Programm nutzt Zeiger:

```
#include <iostream>
using namespace std;

void funktion (int* zahl2)
{
    cout << "Adresse zahl2: " << &zahl2 << endl;
    *zahl2 *= 2;
}

int main ()
{
    int zahl1 = 5;
    cout << "Zahl1 vor der Funktion: " << zahl1 << endl;
    cout << "Adresse: " << &zahl1 << endl;
    funktion (&zahl1);
    cout << "Zahl1 nach der Funktion: " << zahl1 << endl;
}
```

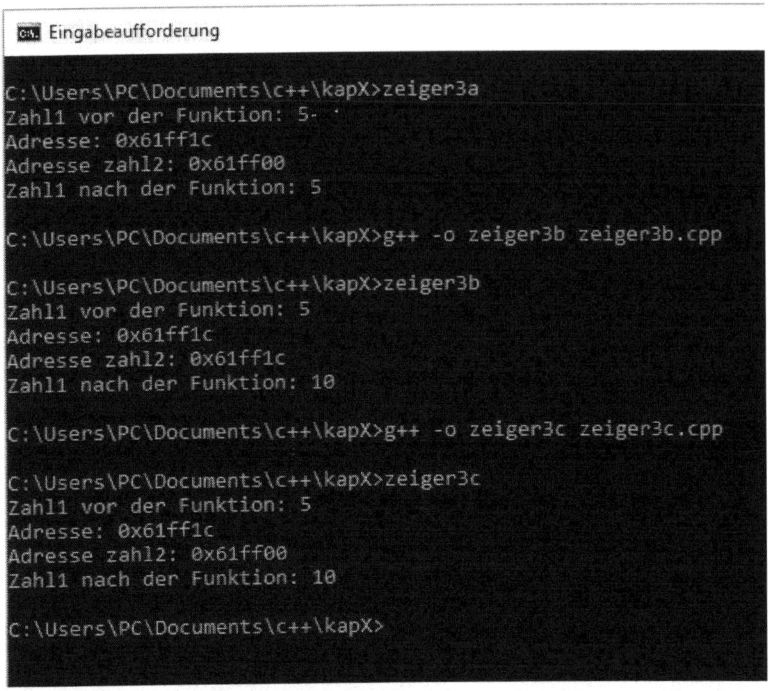

Screenshot 45 Die Ausgabe der drei Programmen

Wenn man nun die Ausgabe dieser drei Programme betrachtet, wird schnell deutlich, was der Unterschied zwischen den einzelnen Möglichkeiten ist. Im ersten Programm wird in der Funktion lediglich eine Kopie erstellt, die sich an einer anderen Adresse als die Variable im Hauptprogramm befindet. Wenn sie verdoppelt wird, hat das keinen Einfluss auf diese.

Das zweite Programm erzeugt ebenfalls eine neue Variable innerhalb der Funktion. Allerdings speichert es diese an der gleichen Stelle ab, wie die Variable im Hauptprogramm. Das wird durch das `&`-Zeichen erreicht und ist daran ersichtlich, dass beide Variablen die gleiche Adresse haben. Eine Veränderung von `zahl2` wirkt sich daher auch auf das Hauptprogramm aus.

Das dritte Programm erzeugt in der Funktion schließlich einen Zeiger. Dabei handelt es sich um eine neue Variable, die an einem neuen Ort abgespeichert wird. Das wird daran ersichtlich, dass die Adressen verschieden sind. Der Inhalt dieser Variable ist jedoch eine Adresse. Daher muss das Hauptprogramm auch nicht den Wert der Variablen übergeben, sondern deren Adresse. Das wird wiederum durch den vorangestellten Referenz-Operator erreicht. Wenn man nun auf den Zeiger mit dem vorangestellten Stern-Zeichen zugreift, wird nicht der eigentliche Inhalt der Variablen (also die gespeicherte Adresse) verändert. Anstatt dessen wird dem Speicherbereich, auf den der Zeiger verweist, der entsprechende Inhalt zugewiesen. Da es sich hierbei um den Speicherbereich handelt, der der Variablen aus dem Hauptprogramm zugewiesen wurde, wirkt sich diese Änderung auch auf diese aus.

Anmerkung: Wenn man dem Zeiger einen Wert zuweist, ohne das Stern-Symbol vor dessen Namen zu schreiben, wird diesem eine neue Adresse zugewiesen. Allerdings wäre es hierfür nicht möglich, einfach die numerische Position zu verwenden (beispielsweise `zahl2 = 0x61ff18;`). Anstatt dessen ist es zunächst notwendig, diesen Ausdruck in eine Adresse umzuwandeln. Das wäre mit folgendem Befehl möglich: `zahl2 = reinterpret_cast<int*> (0x61ff18);` Von der freien Eingabe der Adressen wird jedoch ausdrücklich abgeraten. Diese könnten auch auf Speicherbereiche außerhalb des Programms verweisen und unerwünschte Folgen haben.

10.4 Speicherplatz dynamisch vergeben

Um zu erklären, was es mit der dynamischen Vergabe von Speicherplatz auf sich hat, ist es sinnvoll, sich nochmals das zweite Programm aus Kapitel 6.4 vor Augen zu führen. In Kapitel 10.2 wurde dieses bereits nochmals wiederholt, da es für die Zuweisung der Variablen innerhalb der `for-each`-Schleife den Referenz-Operator verwendet. Dieses Programm weist jedoch noch eine weitere Besonderheit auf.

Wenn man dieses ausführt, fordert es den Anwender dazu auf, eine Nummer einzugeben. Daraufhin erzeugt es ein Array mit der entsprechenden Anzahl an Feldern. Wie groß das Array ist, ist jedoch beim Kompilieren des Programms noch nicht bekannt. Der Speicher, der dafür notwendig ist, wird daher dynamisch vergeben – das bedeutet während der Ausführung.

Beim Erstellen des Programms wurde auf diese Besonderheit nicht weiter geachtet – schließlich hat es problemlos funktioniert. Das trifft jedoch nur auf Leser zu, die den g++-Compiler verwenden. Sollte eine andere Ausführung zum Einsatz kommen, kann es zu Problemen kommen. Die dynamische Speicherallokation zählt nicht zum C++-Standard. Das führt dazu, dass ein derartiges Programm bei manchen Compilern Probleme bereitet. Daher wird in diesem Kapitel erklärt, wie die dynamische Speichervergabe unter Einhaltung des C++-Standards funktioniert:

```
#include <iostream>
using namespace std;

int main ()
{
    int anzahl;
    std::cout << "Array-Gr\224\341e: ";
    std::cin >> anzahl;

    int* zahlen = new int[anzahl];

    for (int i = 0; i < anzahl; i++)
    {
        std::cout << "Geben Sie einen Wert ein: ";
        std::cin >> zahlen[i];
    }
    std::cout << "Gespeicherte Werte:" << std::endl;

    for (int i = 0; i < anzahl; i++)
    {
        std::cout << zahlen[i] << std::endl;
    }

    delete[] zahlen;
}
```

Der Beginn des Programms ist genau gleich wie bei der vorherigen Version. Bei der Deklaration des Arrays kommt es jedoch zu einem erheblichen Unterschied. Anstatt diesen direkt zu deklarieren, wird hier ein Zeiger definiert, der auf das Array verweist. Beim Kompilieren wird daher nur der Speicherplatz für den Zeiger reserviert, der ja konstant ist. Während der Ausführung kann das Programm dann beliebigen freien Speicherplatz außerhalb des Programmbereichs anfordern, auf den der Zeiger dann verweist. Um diesen zu belegen, ist der Schlüsselbegriff `new` notwendig. Dieser erzeugt während der Laufzeit ein Array in einem beliebigen freien Bereich.

Wenn alle Befehle ausgeführt sind, ist es wichtig, den reservierten Bereich wieder zu löschen. Das geschieht mit dem Schlüsselbegriff `delete[]`. Wenn dies nicht passiert, wird der entsprechende Platz auch nach dem Beenden des Programms als reserviert betrachtet. Das kann zu Engpässen bei der Ausführung weiterer Programme führen und dadurch die Performance des Rechners beeinträchtigen.

Des Weiteren wurden die `for-each`-Schleifen durch gewöhnliche `for`-Schleifen ersetzt. Wenn mit einem Zeiger auf ein Array gearbeitet wird, ist die Verwendung von `for-each`-Schleifen sehr kompliziert und kann an dieser Stelle nicht erläutert werden. Daher ist es sinnvoll, auf gewöhnliche `for`-Schleifen umzustellen, die keine Probleme bereiten.

10.5 Übungsaufgabe: mit Zeigern arbeiten

1. Erstellen Sie ein Programm, das drei verschiedene nummerische Variablen unterschiedlichen Typs enthält. Schreiben Sie eine Funktion, die diese Werte verdoppelt. Erstellen Sie dabei drei verschiedene Versionen: Die erste soll eine Struktur, die zweite den Referenz-Operator und die dritte einen Zeiger verwenden.
2. Schreiben Sie ein Programm, das die `string`-Variable name im Hauptteil definiert. Darüber hinaus sollen zwei Funktionen

aufgerufen werden. Die erste fordert den Anwender zur Eingabe seines Namens auf. Die zweite gibt eine personalisierte Begrüßung aus. Die erste Funktion soll auf die Variable aus dem Hauptprogramm über einen Zeiger direkt zugreifen. Entscheiden Sie selbst, ob dies auch bei der zweiten Funktion notwendig ist.

Lösungen:

1.

Version mit Struktur:

```
#include <iostream>

using namespace std;

struct zahlen
{
    int a;
    long b;
    float c;
};

zahlen verdoppeln (int x, long y, float z)
{
    zahlen ergebnis;
    ergebnis.a = x*2;
    ergebnis.b = y*2;
    ergebnis.c = z*2;

    return ergebnis;
}

int main ()
{
    int a = 2;
    long b = 123;
    float c = 4.142;

    zahlen tmp = verdoppeln (a, b, c);

    a = tmp.a;
    b = tmp.b;
    c = tmp.c;

    cout << "Ergebnis: " << endl;
    cout << "a: " << a << endl;
    cout << "b: " << b << endl;
    cout << "c: " << c << endl;
}
```

Version mit Referenz-Operator:

```
#include <iostream>

using namespace std;

void verdoppeln (int &x, long &y, float &z)
{
    x *= 2;
    y *= 2;
    z *= 2;
}

int main ()
{
    int a = 2;
    long b = 123;
    float c = 4.142;

    verdoppeln (a, b, c);

    cout << "Ergebnis: " << endl;
    cout << "a: " << a << endl;
    cout << "b: " << b << endl;
    cout << "c: " << c << endl;
}
```

Version mit Zeiger:

```
#include <iostream>
using namespace std;

void verdoppeln (int* x, long* y, float* z)
{
    *x *= 2;
    *y *= 2;
    *z *= 2;
}

int main ()
{
    int a = 2;
    long b = 123;
    float c = 4.142;

    verdoppeln (&a, &b, &c);
```

```
    cout << "Ergebnis: " << endl;
    cout << "a: " << a << endl;
    cout << "b: " << b << endl;
    cout << "c: " << c << endl;
}
```

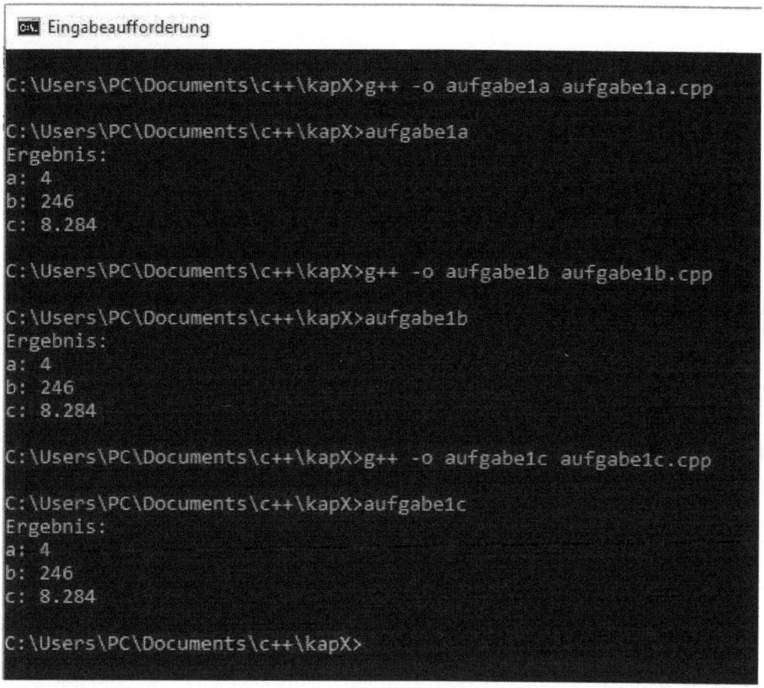

Screenshot 46 Die Ausgabe ist bei allen drei Varianten identisch.

2.

```
#include <iostream>
#include <string>

using namespace std;
void eingabe (string* n)
{
    cout << "Geben Sie bitte Ihren Namen ein: ";
    cin >> *n;
}
```

```
void begruessung (string n)
{
    cout << "Herzlich willkommen, " << n << "!" << endl;
}

int main ()
{
    string name;
    eingabe (&name);
    begruessung (name);
}
```

In der zweiten Funktion ist kein Zeiger notwendig, da diese nur den Wert ausgibt und ihn nicht verändert.

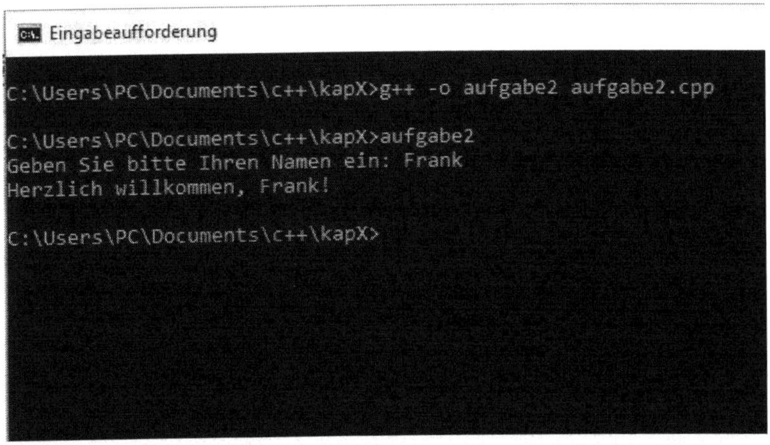

Screenshot 47 Eingabe des Namens und personalisierte Begrüßung

Alle Programmcodes aus diesem Buch sind als PDF zum Download verfügbar. Dadurch müssen Sie sie nicht abtippen: https://bmu-verlag.de/books/cpp_programmieren/

Außerdem erhalten Sie die eBook Ausgabe zum Buch im PDF Format kostenlos auf unserer Website:

https://bmu-verlag.de/books/cpp_programmieren/
Downloadcode: siehe Kapitel 15

Kapitel 11
Daten dauerhaft abspeichern: die Verwendung von Dateien

In diesem Buch kamen bereits mehrfach Programme zum Einsatz, die es einem Handelsunternehmen erlauben, Daten zu Produkten oder zu Kunden zu registrieren. Wenn man sich nun jedoch vorstellt, dass ein derartiges Programm in der Praxis zum Einsatz kommt, ergibt sich ein großes Problem: Die Daten werden dabei nicht dauerhaft abgespeichert. Wenn der entsprechende Händler nach Geschäftsschluss das Programm beendet und den Rechner herunterfährt, sind die entsprechenden Informationen am nächsten Tag nicht mehr verfügbar. Das bedeutet, dass er sein komplettes Sortiment und seine Kundendaten erneut eingeben müsste.

Ein derartiges Programm wäre daher sinnlos. Das soll sich nun jedoch ändern. Um die Daten dauerhaft zu sichern, sollen Dateien erstellt werden. Die vorhandenen Informationen werden beim Start des Programms automatisch eingelesen. Um Daten dauerhaft zu speichern, gibt es neben der Verwendung von Dateien auch einige weitere Formen. In der Praxis kommen zu diesem Zweck insbesondere Datenbanken zum Einsatz. Deren Verwendung ist jedoch ein ganz eigenes Themengebiet, das weit über den Inhalt dieses Buchs hinausgeht. Die Verwendung von Dateien ist im Vergleich dazu sehr einfach. Daher soll diese Methode vorgestellt werden – auch wenn sie insbesondere hinsichtlich der Sicherheit der Daten einige Mängel aufweist.

11.1 Daten speichern

Um darzustellen, wie die Datenspeicherung in C++ funktioniert, soll folgendes Programm dienen:

```
#include <iostream>
#include <fstream>
#include <string>

using namespace std;

int main ()
{
      string inhalt;
      fstream f;
      f.open("daten.txt", ios::out);
      cout << "Geben Sie Ihren Text ein:" << endl;
      cin >> inhalt;
      f << inhalt;
      f.close();
}
```

Dieses Programm verwendet Befehle aus der Bibliothek `fstream`, sodass es notwendig ist, diese einzubinden. Danach erstellt es ein Objekt dieser Klasse und öffnet dieses mit der Methode `open`. Auf diese Weise entsteht eine Verbindung zur Datei. Nachdem es den Inhalt eingelesen und in der Variablen `inhalt` gespeichert hat, übergibt es die Eingabe an den Stream. Danach schließt es ihn wieder.

Wenn man das Programm kompiliert und ausführt, fordert es den Anwender auf, einen Text einzugeben. Beim Drücken der Enter-Taste passiert zunächst augenscheinlich nichts. Wenn man jedoch den Inhalt des Verzeichnisses überprüft, in dem das Programm ausgeführt wurde, stellt man fest, dass hier nun die Datei daten.txt entstanden ist. Diese kann mit einem Texteditor geöffnet werden.

Nun ist es ratsam, etwas mit diesem Programm zu spielen und verschiedene Eingaben durchzuführen. Dabei fällt zunächst auf, dass das Programm immer nur ein Wort in der entsprechenden Datei speichert – selbst wenn der Anwender mehrere Wörter eingegeben hat. Das hat allerdings nichts mit dem Schreibvorgang zu tun, sondern liegt am Befehl `cin`. Auch bei allen bisherigen Programmen hat dieser die Teile der Eingaben, die nach einem Leerzeichen stehen, nicht berücksichtigt. Da bislang jedoch nur Zahlen oder einzelne Wörter erfragt wurden, ist das bei den bisherigen Programmen nicht aufgefallen. Wenn man mehrere Wörter gemeinsam speichern will, ist es sinnvoll, folgenden Befehl zu verwenden: `getline (cin, str);` Dieser speichert die gesamte Zeile in einer `string`-Variablen mit dem Namen `str`. (Wenn der Namensraum nicht bereits zu Beginn des Programms definiert wird, ist es notwendig, den Befehl `std::getline` zu verwenden.) Um unerwünschte Wechselwirkungen zu vermeiden, ist es ratsam, den gewöhnlichen `cin`-Befehl innerhalb eines Programms nicht mit dem `getline`-Befehl zu mischen.

Darüber hinaus ist auffällig, dass dieses Programm bei jeder Ausführung die bisherigen Werte überschreibt. Das Wort, das zuvor in der Datei daten.txt gespeichert war, geht daher verloren. Das liegt am verwendeten Parameter `ios::out` in der Funktion `f.open`. Diese benötigt neben der Zieldatei auch den gewünschten Modus. Die folgende Tabelle zeigt einige weitere Möglichkeiten hierfür auf:

`ios::in`	Lesen
`ios::out`	Schreiben
`ios::trunc`	Leeren der Datei beim Öffnen
`ios::app`	Hängt Daten am Ende an

Darüber hinaus gibt es noch weitere Möglichkeiten, die in diesem Buch jedoch nicht zum Einsatz kommen. Wenn man nun anstatt `ios::out` den Begriff `ios::app` verwendet, ist es möglich, die Daten am Ende der Datei einzufügen. Dabei bleiben die bisherigen Werte erhalten:

```
#include <iostream>
#include <fstream>
#include <string>

using namespace std;

int main ()
{
      string inhalt;
      fstream f;
      f.open("daten.txt", ios::app);
```

```
    cout << "Geben Sie Ihren Text ein:" << endl;
    getline (cin, inhalt);
    f << inhalt;
    f.close();
}
```

Dabei ist es auch möglich, mehrere Parameter miteinander zu verbinden. Hierfür dient das Zeichen `|`. Wenn man die Datei zum Lesen und zum Schreiben öffnen will, wären beispielsweise folgende Parameter notwendig: `ios::in | ios::out`.

Das folgende Programm soll nun dazu dienen, die Eingaben zu einem Produkt dauerhaft in einer Datei zu speichern. Dazu soll es den Benutzer auffordern, die entsprechenden Werte einzugeben. Da bereits vorhandene Produktdaten erhalten bleiben sollen, muss der Parameter `ios::app` verwendet werden.

```
#include <iostream>
#include <fstream>
#include <string>
using namespace std;
int main ()
{
    string inhalt;
    fstream f;
    f.open("artikel.txt", ios::app);
    cout << "Artikelnummer:" << endl;
    getline (cin, inhalt);
    inhalt += "\n";
    f << inhalt;
    cout << "Produkttyp:" << endl;
    getline (cin, inhalt);
    inhalt += "\n";
    f << inhalt;
    cout << "Preis:" << endl;
    getline (cin, inhalt);
    inhalt += "\n";
    f << inhalt;
    cout << "Vorr\204tige Einheiten:" << endl;
    getline (cin, inhalt);
    inhalt += "\n";
    f << inhalt;
    inhalt = "\n";
    f << inhalt;
    f.close();
}
```

Nach jeder Eingabe durch den Anwender wird der `string`-Variablen der Ausdruck \n hinzugefügt. Dieser bewirkt einen Zeilenumbruch. Nachdem alle Eingaben beendet sind, wird ein weiterer Zeilenumbruch eingefügt. Das führt zu einer Leerzeile vor der Eingabe des nächsten Artikels.

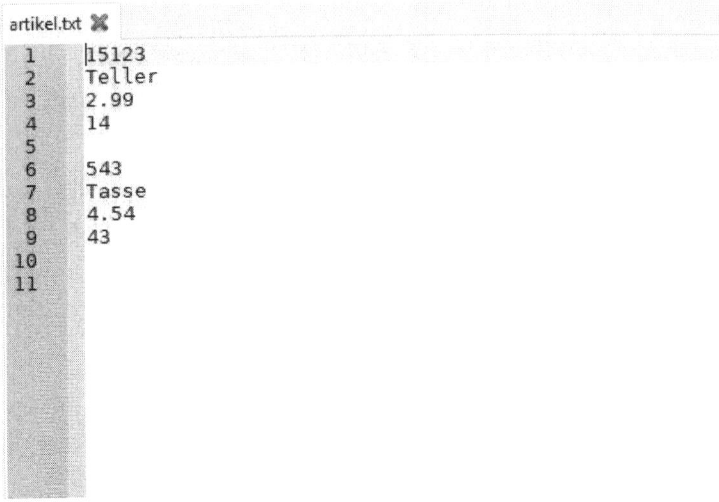

Screenshot 48 So kann die Textdatei nach der Eingabe von zwei Datensätzen aussehen

11.2 Daten einlesen

Um Daten aus einer Datei einzulesen, ist es ebenfalls notwendig, einen Stream zu erstellen und zu öffnen – allerdings mit dem Parameter `ios::in`. Der Befehl, um die Daten einzulesen, lautet `getline(stream, str)`. Dieser liest eine Zeile ein und speichert sie in der Variablen `str` ab.

Da dieser Befehl nur eine einzelne Zeile einliest, ist es notwendig, ihn in eine `while`-Schleife zu schreiben. Die Bedingung hierfür lautet `(!f.eof())`. In der Bibliothek `fstream` ist die Funktion `eof` (für end of file beziehungsweise Dateiende) definiert. Diese gibt eine boolesche Variable zurück: `true`, wenn das Dateiende erreicht ist und `false`, wenn es nicht erreicht ist. Die Negation dieser Funktion durch das Ausrufungszeichen führt dazu, dass das Einlesen der Zeilen so lange wiederholt wird, bis das Ende der Datei erreicht ist. Auf diese Weise lässt sich bereits ein einfaches Programm erstellen:

```
#include <iostream>
#include <fstream>
#include <string>

using namespace std;

int main ()
{
      string inhalt;
      fstream f;
      f.open("artikel.txt", ios::in);
      while(!f.eof())
      {
            getline (f, inhalt);
            cout << inhalt << endl;
      }

      f.close();
}
```


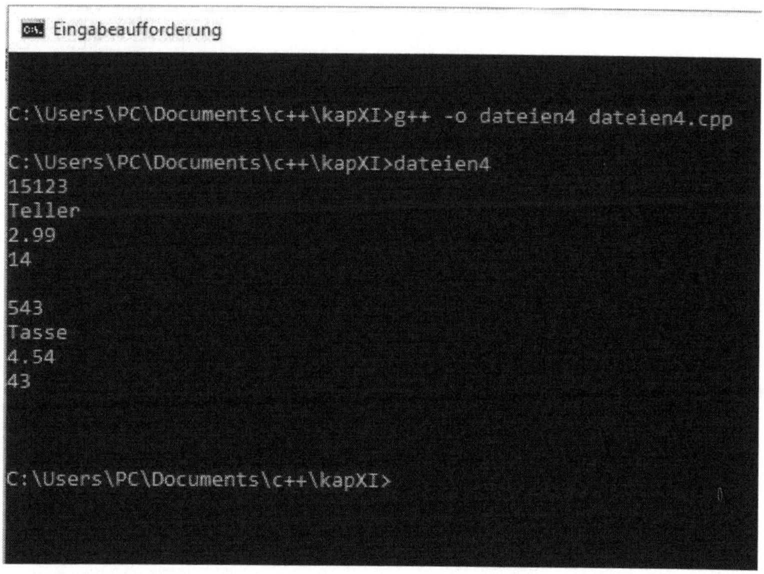

Screenshot 49 Die Ausgabe der Daten aus der Datei

Dieses Programm liest die Daten aus der Datei artikel.txt aus. Wer das Programm im vorherigen Abschnitt erstellt hat, sollte über eine Datei mit einigen Artikeldaten verfügen. Die Eingaben, die hierbei gemacht wurden, werden nun durch das neue Programm eingelesen und auf dem Bildschirm ausgegeben.

11.3 Übung: Dateien in Programme einbinden

1. Schreiben Sie ein Programm mit einer Schleife und fragen Sie den Anwender darin, ob er die vorhandenen Kundendaten anzeigen oder einen neuen Kunden hinzufügen will. Lesen Sie im ersten Fall die vorhandenen Daten ein und geben Sie sie auf dem Bildschirm aus. Im zweiten Fall soll das Programm die Daten des Kunden(Kundennummer, Name, Vorname, Telefonnummer und abschließend eine Leerzeile) abfragen und in die Datei kunden.txt schreiben. Fragen Sie den Anwender am Ende der Schleife, ob er das Programm beenden oder eine weitere Aktion durchführen möchte.

Anmerkung: Es ist sinnvoll, für beide Auswahlmöglichkeiten jeweils einen eigenen Stream zu öffnen und zu schließen.

2. Schreiben Sie ein Programm, das herausfindet, wie viele Einträge in der Datei kunden.txt vorhanden sind.

Tipp: Da nach jedem Kunden eine Leerzeile eingegeben wurde, ist es möglich, den Inhalt in einer Schleife auszulesen und den Zähler nur dann zu erhöhen, wenn keine Einträge in der entsprechenden Zeile vorhanden sind (`inhalt == ""`). Dieser Wert muss jedoch abschließend um 1 reduziert werden, da zum Dateiende ebenfalls eine leere `string`-Variable zurückgegeben wird.

Lösungen:

1.

```
#include <iostream>
#include <fstream>
#include <string>

using namespace std;

int main ()
{
     string inhalt;
     string weiter = "j";
     string auswahl;
     fstream f;

     while (weiter == "j")
     {
          cout << "M\224chten Sie die vorhandenen
          Eintr\204ge anzeigen " << "lassen oder einen
          neuen Kunden hinzuf\201gen? " << "(anzeigen:a,
          hinzuf\201gen: h)" << endl;
          getline (cin, auswahl);

          if (auswahl == "h")
          {
               f.open("kunden.txt", ios::app);
               cout << "Kundennummer: ";
               getline (cin, inhalt);
               inhalt += "\n";
               f << inhalt;
               cout << "Vorname: ";
               getline (cin, inhalt);
               inhalt += "\n";
               f << inhalt;
               cout << "Nachname: ";
               getline (cin, inhalt);
               inhalt += "\n";
               f << inhalt;
               cout << "Telefonnummer: ";
               getline (cin, inhalt);
               inhalt += "\n";
               f << inhalt;
               inhalt = "\n";
               f << inhalt;
               f.close();
          }
```

11

```
            else if (auswahl == "a")
            {
                f.open("kunden.txt", ios::in);
                while(!f.eof())
                {
                    getline (f, inhalt);
                    cout << inhalt << endl;
                }
                f.close();
            }

            else
            {
                cout << "Ung\201ltige Eingabe!" << endl;
            }

            cout << "M\224chten Sie eine weitere Aktion
            durchf\201hren? (j/n) ";
            getline (cin, weiter);
        }
}
```

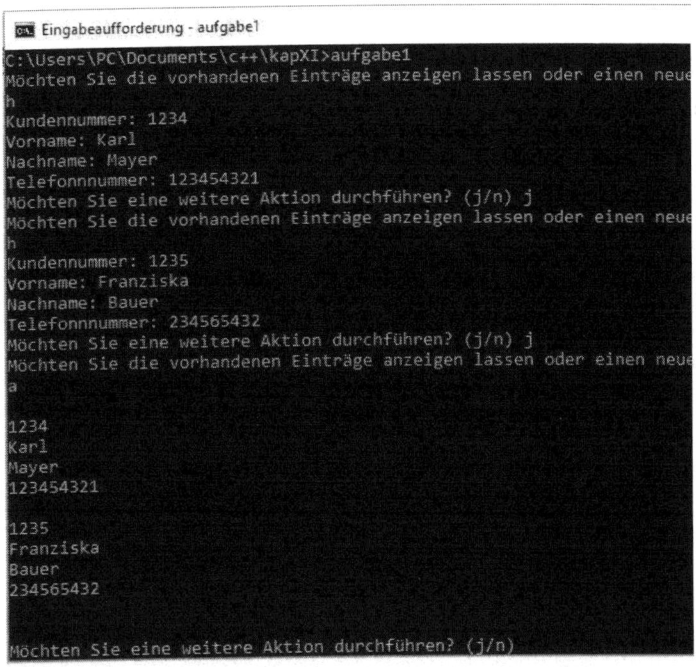

Screenshot 50 Die Eingabe der Kundendaten und die Ausgabe der gespeicherten Inhalte

2.

```
#include <iostream>
#include <fstream>
#include <string>

using namespace std;

int main ()
{
      string inhalt;
      int anzahl = 0;
      fstream f;

      f.open("kunden.txt", ios::in);

      while(!f.eof())
      {
            getline (f, inhalt);
            if (inhalt == "")
            {
                  anzahl++;
            }
      }
      cout << "Die Datei enth\2041t " << anzahl-1 << " Kunden.";
}
```

Alle Programmcodes aus diesem Buch sind als PDF zum Download verfügbar. Dadurch müssen Sie sie nicht abtippen:
https://bmu-verlag.de/books/cpp_programmieren/

Außerdem erhalten Sie die eBook Ausgabe zum Buch im PDF Format kostenlos auf unserer Website:

{BMU VERLAG}

https://bmu-verlag.de/books/cpp_programmieren/
Downloadcode: siehe Kapitel 15

Kapitel 12

Visual Studio: eine IDE für die Programmierung in C++

Bislang haben wir unsere Programme mit einem Texteditor erstellt und sie daraufhin über den Kommandozeileninterpreter kompiliert und ausgeführt. Professionelle Programmierer verwenden für diese Aufgabe jedoch in der Regel eine IDE. Diese verbindet diese Funktionen auf einer Oberfläche miteinander und macht dadurch die Programmentwicklung etwas effizienter. Darüber hinaus bietet sie viele weitere praktische Zusatzfunktionen. In Kapitel 2.3 haben wir bereits eine passende IDE für die Programmierung mit C++ installiert. Dabei handelt es sich um die am häufigsten verwendete Entwicklungsumgebung für diese Programmiersprache. Dieses Kapitel stellt vor, wie wir diese Software verwenden. Entsprechend den Anweisungen in Kapitel 2.3 sollte sie bereits auf dem Rechner installiert sein. Ist das noch nicht der Fall, ist es nun an der Zeit, dies nachzuholen.

12.1 Welche Vorteile bietet Visual Studio?

Bevor wir Visual Studio für die Entwicklung unserer Programme verwenden, sollen hier kurz die Vorteile dieser Software vorgestellt werden. Eine ihrer wesentlichen Eigenschaften wurde bereits erwähnt: Sie verbindet die Funktion des Texteditors und des Compilers. Anstatt nach dem Erstellen des Programms den Kommandozeileninterpreter aufzurufen, in das entsprechende Verzeichnis zu wechseln und daraufhin die Befehle zum Kompilieren und Ausführen einzugeben, reicht bei der Verwendung von Visual Studio hierfür ein einfacher Mausklick aus. Das führt dazu, dass der Programmierer etwas weniger Zeit benötigt, um seine Programme auszuprobieren. Die Zeitersparnis mag dabei nur bei wenigen Sekunden liegen. Wenn man jedoch berücksichtigt, dass es bei umfangreicheren Programmen während der Testphase notwendig ist, diese viele Hundert Male auszuprobieren, ergibt sich daraus eine erhebliche Effizienzsteigerung.

Visual Studio bietet alle Vorteile eines gewöhnlichen Texteditors. Hierzu zählen unter anderem die automatische Einrückung zusammengehöriger Abschnitte und die Syntaxhervorhebung. Eine weitere praktische Funktion besteht in der Autovervollständigung. Wenn wir eine Klasse oder eine Funktion erstellt haben und diese später im Programm verwenden möchten, reicht es aus, ihre ersten Buchstaben einzugeben. Die IDE präsentiert daraufhin passende Auswahlmöglichkeiten, die wir mit der Pfeiltaste auswählen können. Das beschleunigt nicht nur die Codeerstellung. Darüber hinaus können wir auf diese Weise Tippfehler vermeiden.

Eine weitere nützliche Funktion ist das Debugging. Diese dient dazu, Fehler im Programm aufzuspüren. Selbst professionelle Programmierer machen immer wieder Fehler, die dazu führen, dass das Programm seine Funktion nicht wie gewünscht erfüllt. Diese zu finden, ist insbesondere bei umfangreicheren Projekten sehr schwierig. Visual Studio erlaubt es jedoch, die Ausführung des Programms zwischendurch zu unterbrechen und die Werte der einzelnen Variablen anzuzeigen. Das macht es deutlich einfacher, das Problem genau zu orten.

12.2 Ein Projekt mit Visual Studio erstellen

Nachdem wir Visual Studio installiert haben, müssen wir das entsprechende Symbol anklicken, um das Programm zu öffnen. Daraufhin erscheint folgender Startbildschirm:

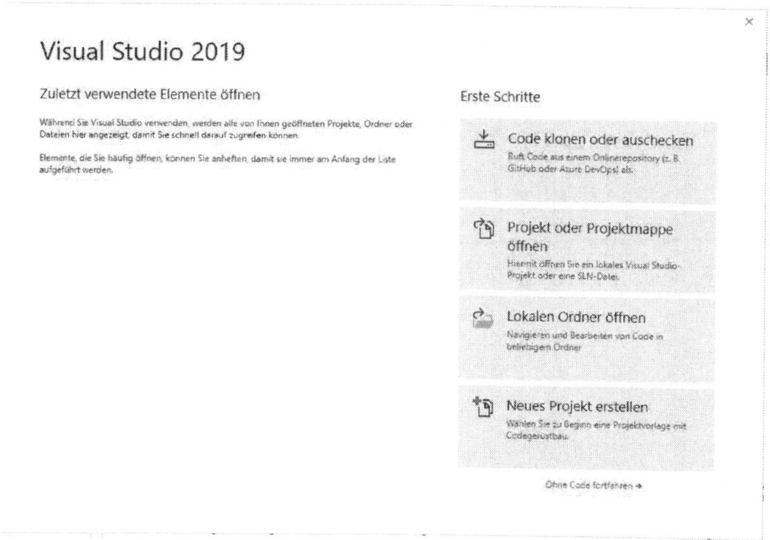

Screenshot 51 Der Startbildschirm von Visual Studio

Im linken Bildbereich erscheinen die zuletzt geöffneten Dateien. Da wir die IDE jedoch bislang noch nicht verwendet haben, bleibt dieser Bereich vorerst leer. Später erscheinen hier die Projekte, die wir bereits bearbeitet haben. Um ein neues Projekt zu erstellen, müssen wir rechts unten auf die Schaltfläche "Neues Projekt erstellen" klicken.

Daraufhin öffnet sich ein neues Fenster. Hier wählen wir nun die Konsolen-App aus:

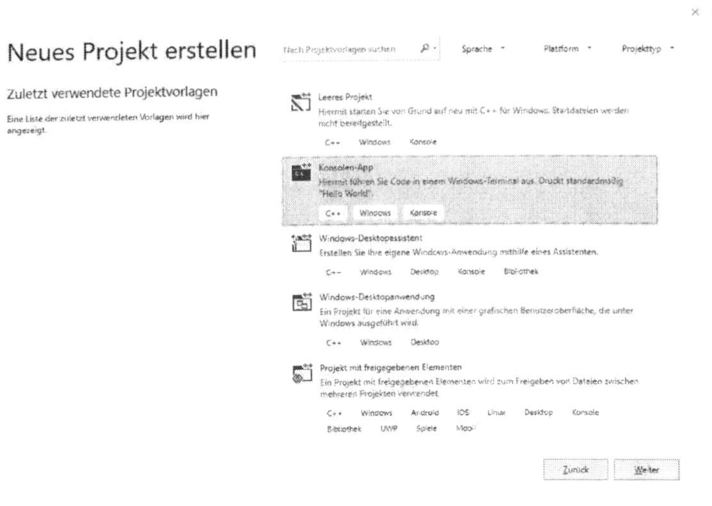

Screenshot 52: Eine neue Konsolen-App erstellen

Daraufhin öffnet sich ein weiteres Fenster. Hier können wir einen Namen für das neue Projekt vorgeben. Wir nennen es erstesProjekt:

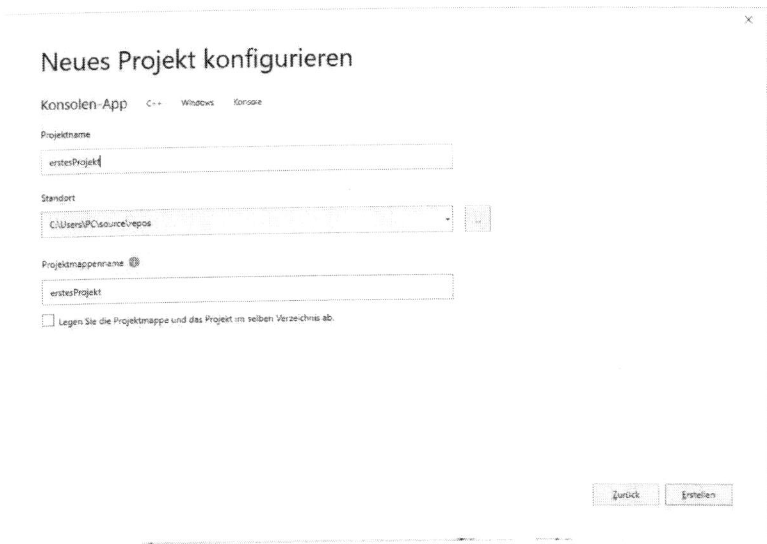

Screenshot 53: Die Konfiguration des neuen Projekts

Wenn wir daraufhin auf die Schaltfläche “Erstellen” klicken, müssen wir zunächst einige Sekunden warten. Daraufhin erscheint eine neue Oberfläche, die sehr ähnlich wie ein Texteditor aussieht. Hier können wir unseren Programmcode einfügen. Allerdings sind dabei die wichtigsten Elemente, die jedes C++-Programm enthalten muss, bereits vorhanden. Auch das führt zu einer kleinen Zeitersparnis. Darüber hinaus sind einige Kommentare enthalten, die den Einstieg erleichtern sollen. Diese können wir jedoch sofort löschen.

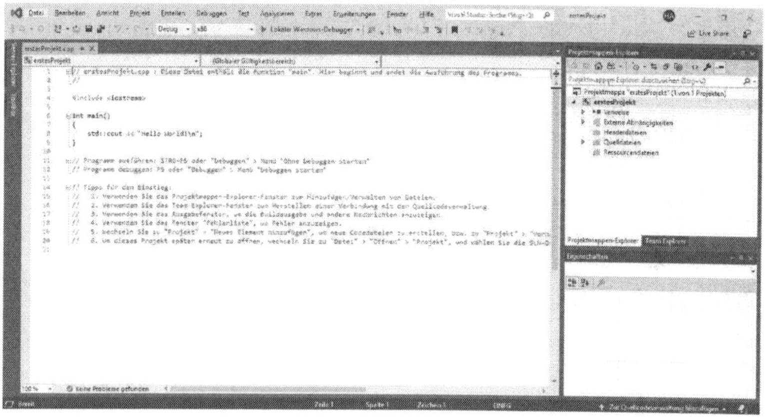

Screenshot 54 Die Benutzeroberfläche von Visual Studio

Darüber hinaus enthält der Code bereits einen einfachen Ausgabebefehl sowie den hierfür notwendigen include-Befehl. Um einige Funktionen von Visual-Studio zu demonstrieren, fügen wir nun noch einen weiteren Ausgabebefehl ein: cout << “Herzlich Willkommen!”.

Nachdem wir den entsprechenden Text eingegeben haben, stellen wir jedoch fest, dass nun einige Bereiche mit einer roten Wellenlinie unterstrichen sind. Das macht uns darauf aufmerksam, dass der Code einen Fehler enthält. Wenn wir mit der Maus über den unterstrichenen Bereich fahren, erhalten wir eine Hilfe, was am entsprechenden Befehl falsch ist:

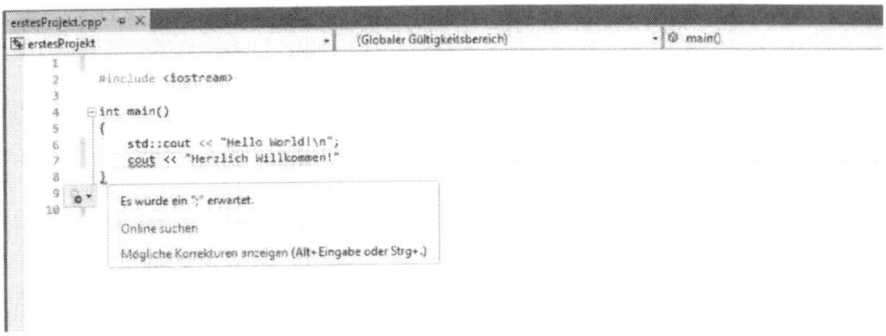

Screenshot 55 Die Fehlermarkierung und die zugehörige Meldung

Wenn man über die unterstrichene geschweifte Klammer fährt, wird angezeigt, dass ein „;" erwartet wurde. Daran wird deutlich, dass wir nach dem Befehl das Semikolon vergessen haben. Beim Befehl cout sagt die Hilfe aus, dass dieser Bezeichner nicht definiert ist. Beim Ausgabebefehl, den Visual Studio bereits in das Programm eingefügt hat, wurde der Namensraum direkt im Befehl definiert. Daher kam es hierbei nicht zur entsprechenden Fehlermeldung. Bei dem Befehl, den wir selbst eingefügt haben, haben wir diesen jedoch nicht genannt. Daher ist dieser Ausdruck noch nicht bekannt. Um dies zu ändern, müssen wir oben im Programm noch die Definition des Namensraums hinzufügen:

```
using namespace std;
```

Sobald wir die entsprechenden Änderungen vorgenommen haben, sind die roten Linien nicht mehr zu sehen. Das zeigt, dass nun keine Fehler mehr im Programm enthalten sind. Diese Funktion ist sehr hilfreich, um Probleme bereits bei der Programmerstellung zu entdecken. Außerdem erhält man eine Hilfestellung, um sie zu berichtigen.

Bei der Eingabe der entsprechenden Befehle war es außerdem möglich, eine weitere praktische Funktion von Visual Studio kennenzulernen. Sobald wir die ersten Buchstaben eingegeben haben, öffnete sich eine Liste mit verschiedenen dazu passenden

Auswahlmöglichkeiten. Mit der Pfeiltaste kann man nun schnell und einfach die richtige Option auswählen. Daraufhin muss man sie nur noch mit der Enter-Taste bestätigen, damit die IDE den Befehl in den Programmcode einfügt.

12.3 Programme kompilieren und ausführen

Nachdem wir den Code für unser Programm erstellt haben, müssen wir ihn kompilieren und ausführen. Diese Aufgaben können wir direkt über die IDE erledigen. Dieser Abschnitt stellt vor, wie wir dabei vorgehen müssen.

Um den Code zu kompilieren und auszuführen, kommen mehrere Möglichkeiten infrage. Wenn wir ihn lediglich kompilieren möchten, können wir beispielsweise in der Menüleiste den Begriff "Erstellen" auswählen. Daraufhin klicken wir auf den Menüpunkt "Projektmappe erstellen".

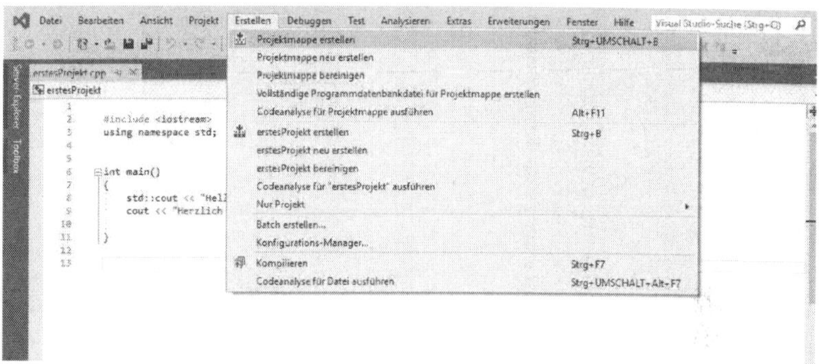

Screenshot 56 So wird das Programm kompiliert

Nachdem wir diesen Bereich angeklickt haben, öffnet sich im unteren Bildschirmbereich ein weiteres Fenster, das den Titel "Ausgabe" trägt. Wenn das Programm keine Fehler enthält, erscheint hier nach einer Wartezeit von wenigen Sekunden eine Erfolgsmeldung:

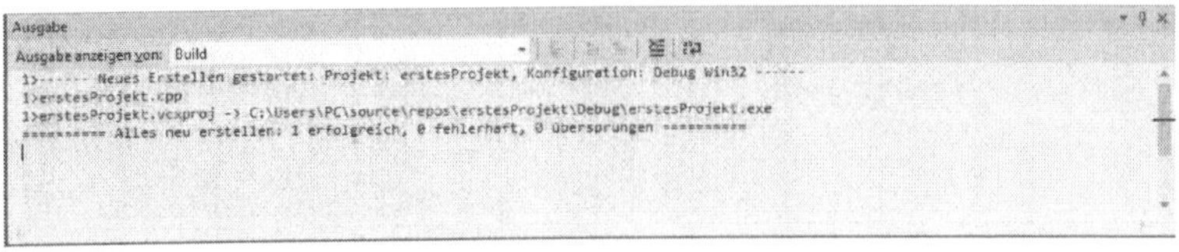

Screenshot 57 Die Erfolgsmeldung nach dem Kompilieren

Auf diese Weise haben wir eine ausführbare Datei erzeugt. Diese befindet sich im Ordner source\repos\erstesProjekt\Debug. Wir können dieses Verzeichnis im Windows-Explorer aufrufen und die Datei doppelt anklicken. Dabei wird sie im Kommandozeileninterpreter ausgeführt. Da dieser sich jedoch sofort nach dem Ende des Programms wieder schließt, können wir den Inhalt nicht erkennen. Daher ist es sinnvoll, wie gewohnt den Kommandozeileninterpreter zu öffnen und mit dem Befehl cd source\repos\erstesProjekt\Debug in den entsprechenden Ordner zu wechseln. Hier können wir es dann durch die Eingabe des entsprechenden Dateinamens – der dem Namen des Projekts entspricht – öffnen.

Screenshot 58 Die Ausgabe des Programms im Kommandozeileninterpreter

Auf diese Weise ist der Aufwand, der zum Kompilieren und Ausführen des Programms erforderlich ist, jedoch beinahe der gleiche wie bisher. Visual Studio zeichnet sich jedoch dadurch aus, dass damit diese Aufgabe deutlich einfacher wird.

Mit Visual Studio reicht ein einziger Mausklick aus, um das Programm zu kompilieren und auszuführen. Wenn wir auf das grüne Dreieck mit der Aufschrift “Lokaler Windows-Debugger” klicken, erledigt die IDE beide Aufgaben.

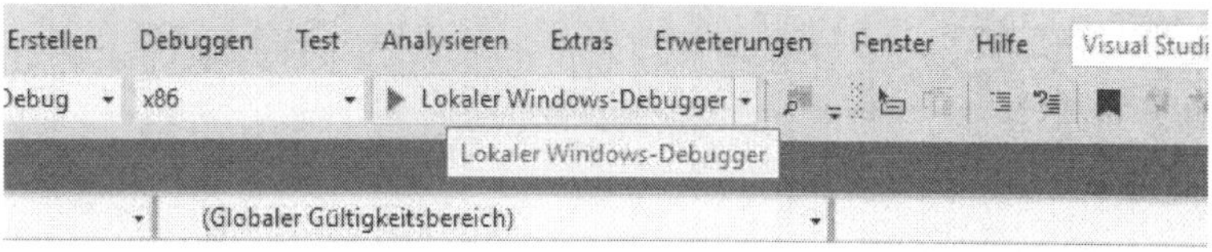

Screenshot 59 Ein Klick auf die Schaltfläche reicht für das Debugging aus

Nun öffnet sich ein neues Fenster, das beinahe gleich aussieht wie der Kommandozeileninterpreter. Hier erscheint der Text, den wir über das Programm ausgeben wollen. Darunter erscheint ein weiterer Text, der Informationen zur Ausführung des Programms enthält. Dieser hat jedoch keine große Bedeutung. Ein Unterschied zur bisherigen Vorgehensweise besteht darin, dass sich das Fenster automatisch schließt, sobald wir eine beliebige Taste betätigen.

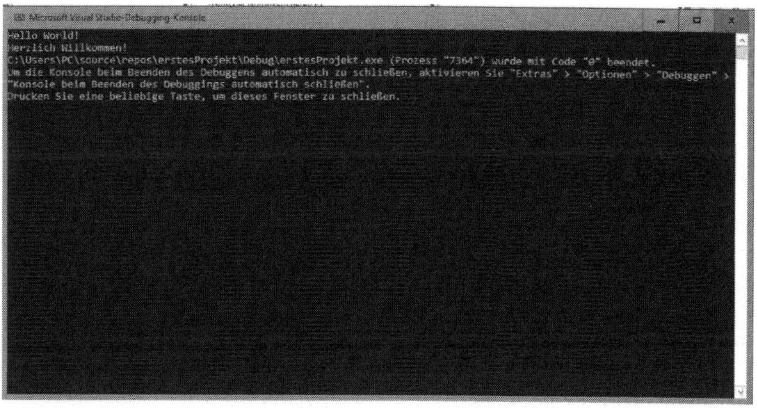

Screenshot 60 Die Ausgabe erinnert an den Kommandozeileninterpreter

Das stellt jedoch nicht die einzige Vorgehensweise dar, um das Programm auszuführen. Eine weitere Möglichkeit besteht darin, in der Menüleiste den Begriff "Debuggen" anzuklicken. Hier stehen nun zwei verschiedene Alternativen zur Auswahl. Zum einen ist es möglich, auf den Begriff "Debugging starten" zu klicken, der wieder neben einem kleinen grünen Dreieck erscheint. Daraufhin wird genau die gleiche Aktion wie beim Klick auf die Schaltfläche in der Werkzeugleiste durchgeführt. Darunter befindet sich der Menüpunkt "Starten ohne Debugging". Auch diesen können wir verwenden, um das Programm zu kompilieren und auszuführen. Darüber hinaus sind die entsprechenden Befehle über die Shortcuts F5 beziehungsweise Strg+F5 erreichbar.

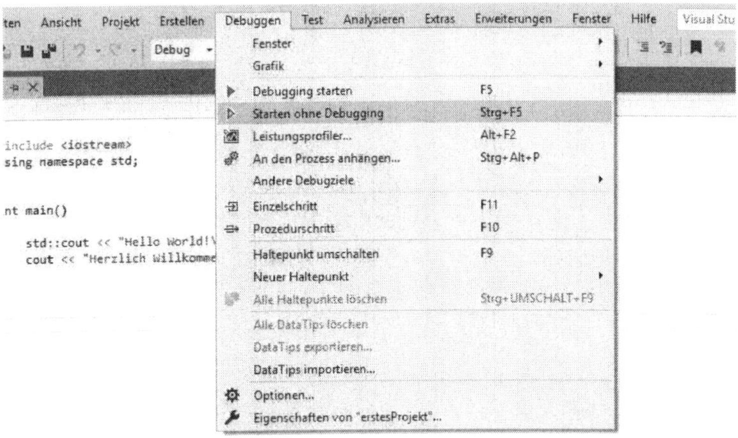

Screenshot 61 Das Programm lässt sich auch ohne Debugging starten.

In unserem bisherigen Beispiel besteht kein Unterschied zwischen diesen beiden Vorgehensweisen. In Visual Studio ist es jedoch möglich, sogenannte Haltepunkte in das Programm einzufügen. Diese führen dazu, dass das Programm nur bis zur markierten Stelle ausgeführt wird. Dort kann man dann die Werte der Variablen überprüfen. Das erleichtert die Fehlersuche, wenn das Programm nicht die gewünschte Aufgabe erfüllt. Der Unterschied zwischen den beiden Möglichkeiten besteht darin, dass die erste Option die eingefügten Haltepunkte beachtet. Wählen wir hingegen "Starten ohne Debugging" aus, wird das Programm sofort bis zum Ende ausgeführt.

Bei den bislang vorgestellten Möglichkeiten für die Kompilation entstand zwar ein ausführbares Programm. Dieses unterscheidet sich jedoch etwas von den bisherigen Programmen, die beim Kompilieren entstanden sind. Es enthält zusätzlich zu den eigentlichen Befehlen auch Informationen, die für das Debugging notwendig sind. Das führt dazu, dass es etwas mehr Speicherplatz benötigt. Während der Testphase sind diese Zusatzinformationen hilfreich. Wenn man das Programm veröffentlichen will, sind sie jedoch nicht mehr notwendig. Um den benötigten Speicherplatz zu reduzieren, ist es sinnvoll, sie zu entfernen.

Hierfür ist es notwendig, in der Werkzeugleiste in der ersten Auswahlliste den Befehl "Debug" durch "Release" zu ersetzen:

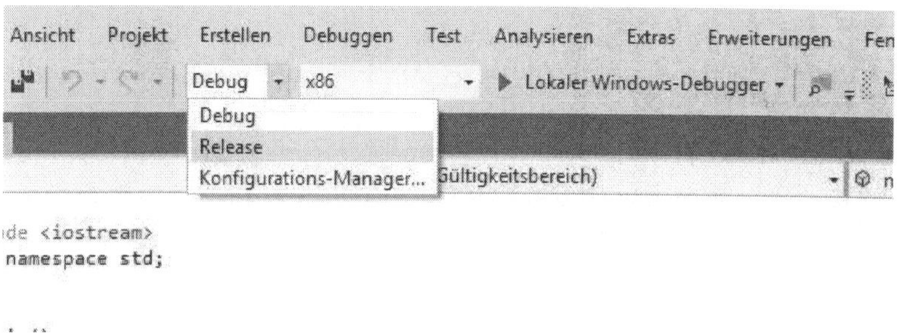

Screenshot 62: So lässt sich die Release-Version erzeugen.

Wenn wir das Programm nun erneut ausführen, stellen wir fest, dass im Verzeichnis erstesProjekt, das alle Daten für dieses Programm enthält, ein neuer Ordner entstanden ist. Darin befindet sich eine neue ausführbare Datei, die keine zusätzlichen Informationen enthält.

Kapitel 13
Grafische Benutzeroberflächen mit MFC erstellen

Wenn man ein gewöhnliches Computerprogramm ausführt, ist dieses fast immer fensterbasiert. Das bedeutet, dass sich ein Fenster öffnet, in dem häufig Text, Grafiken und manchmal auch Animationen enthalten sind. Der Anwender hat die Möglichkeit, verschiedene Eingabefelder auszufüllen oder Schaltflächen zu betätigen. Die Programme, die in diesem Buch bislang erstellt wurden, waren jedoch ganz anders aufgebaut. Dabei kam reiner Text zum Einsatz. Der Anwender musste das Programm über den Kommandozeileninterpreter aufrufen. Alle Ein- und Ausgaben erfolgten auf die gleiche Weise. Diese Art von Programmen ist jedoch nicht mehr zeitgemäß. Wer professionelle Software erstellen möchte, muss daher eine grafische Benutzeroberfläche – nach der englischen Bezeichnung Graphical User Interface auch häufig GUI genannt – erstellen.

Dieses Kapitel stellt vor, wie man in C++ ein GUI erstellen kann. Auf diese Weise ist es möglich, ein fensterbasiertes Programm zu erstellen, das einen deutlich höheren Nutzungskomfort als die bisherigen Konsolen-Anwendungen bietet.

13.1 GUIs mit C++ erstellen: verschiedene Möglichkeiten

Eine grafische Benutzeroberfläche von Grund auf mit C++ zu erstellen, ist eine ausgesprochen schwierige Aufgabe. Dafür wären weit fortgeschrittene Kenntnisse notwendig. Diese kann dieses Buch nicht vermitteln. Allerdings ist das auch überhaupt nicht notwendig. Denn es gibt zahlreiche Programmierer, die diese Aufgabe bereits übernommen haben. Es gibt mehrere Bibliotheken, die Klassen und Funktionen enthalten, die für die Erstellung von GUIs notwendig sind. Das macht die Anwendung wesentlich einfacher. Auf diese Weise ist es ohne große Schwierigkeiten möglich, Fenster zu erstellen und auf diese Weise mit dem Anwender zu interagieren.

Um GUIs mit C++ zu erstellen, gibt es mehrere Möglichkeiten. Das bedeutet für den Programmierer, dass er sich zunächst entscheiden muss, welche Bibliothek er verwendet. Die beliebtesten Alternativen hierfür sind Qt und MFC. Diese sollen hier kurz vorgestellt werden.

Qt ist eine Bibliothek, die ursprünglich vom norwegischen Unternehmen Trolltech entwickelt wurde. In der Zwischenzeit waren jedoch unterschiedliche Konzerne für die Entwicklung verantwortlich. Qt zeichnet sich dadurch aus, dass es plattformübergreifend eingesetzt werden kann. Darüber hinaus sind die Bibliotheken kostenfrei erhältlich. Besonders empfehlenswert ist die Verwendung zusammen mit dem Qt Creator. Dabei handelt es sich im eine IDE – ähnlich der im vorherigen Kapitel vorgestellten Software Visual Studio. Diese ist sowohl in einer kostenpflichtigen Vollversion als auch in einer Gratis-Version erhältlich, die jedoch in ihrem Funktionsumfang deutlich reduziert ist.

Eine weitere beliebte Alternative besteht darin, MFC zu verwenden. Diese Abkürzung bedeutet Microsoft Foundation Classes und weist bereits darauf hin, dass diese Bibliothek auf eine Initiative des bekannten US-Softwarekonzerns zurückgeht. Auch MFC bietet ausgesprochen vielfältige Funktionen und macht das fensterbasierte Programmieren ganz einfach. Ursprünglich wurden diese Klassen lediglich der kostenpflichtigen Vollversion von Visual Studio beigelegt. Seit dem Erscheinen der kostenfreien Version Visual Studio 2013 Community Edition sind sie jedoch auch in den Gratis-Ausführungen enthalten. Damit hat der Programmierer ein mächtiges und einfach zu verwendendes Werkzeug zur Hand, um Fenster für seine Programme zu verwenden. Der einzige Nachteil von MFC besteht darin, dass diese Bibliotheken nur für Windows vorgesehen sind. Wer GUIs für Linux oder ein anderes Betriebssysteme entwerfen will, sollte daher besser auf Qt oder auf eine andere plattformunabhängige Bibliothek zurückgreifen.

Trotz dieser kleinen Einschränkung stellt dieses Buch die Programmierung von GUIs mit MFC vor. Wer die Installationsanweisungen für Visual Studio in Kapitel 2.3 genau befolgt hat, hat die entsprechende Erweiterung bereits in der IDE installiert, sodass es möglich ist, unverzüglich mit den ersten Fenstern zu beginnen.

13.2 Eine einfache grafische Benutzeroberfläche erstellen

Um eine grafische Benutzeroberfläche mit Visual Studio zu gestalten, ist es zunächst notwendig, ein neues Projekt zu erstellen. Das geschieht auf die gleiche Weise wie bei einer Konsolenanwendung: in der Menüleiste über Datei → Neu → Projekt. Nun ist es jedoch notwendig, in der daraufhin erscheinenden Auswahlliste etwas nach unten zu scrollen und die MFC-App auszuwählen. Der Name des neuen Projekts soll meinFenster lauten.

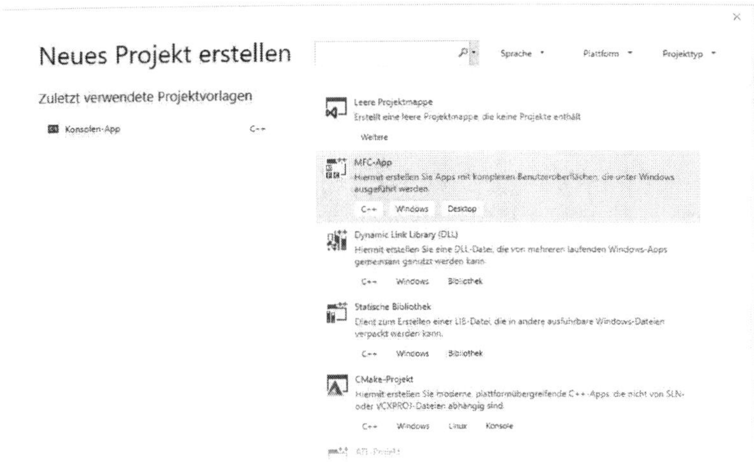

Screenshot 63 Das Erstellen einer neuen MFC-Anwendung

Nach der Bestätigung mit "OK" öffnet sich ein neues Fenster. Hier ist es nun notwendig, unter "Anwendungstyp" die Option "Auf Dialogfeldern basierend" auszuwählen.

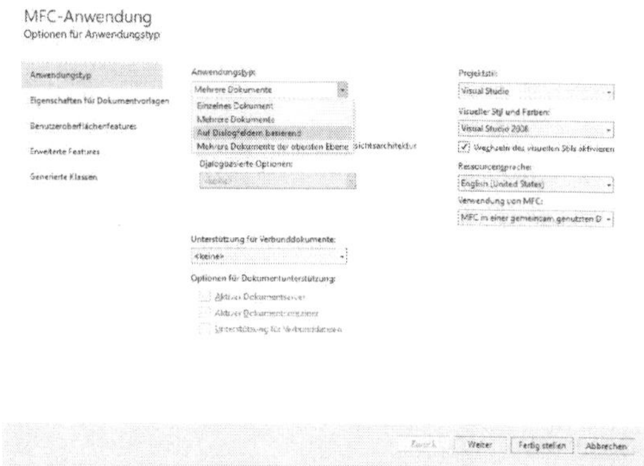

Screenshot 64 Die Auswahl für Dialogfelder

Danach sollte in der Menüleiste am linken Rand "Benutzeroberflächenfeatures" ausgewählt werden. Nun ist es rechts unten möglich, den Dialogfeldtitel vorzugeben. Dieser soll "erster Dialog" lauten. Nach dem Klick auf "Fertig stellen" erzeugt Visual Studio das neue Projekt.

Bei Visual Studio 2019 erscheint nun ein recht großer leerer Bereich im Zentrum. Um das Dialogfenster zu öffnen und zu bearbeiten, ist es notwendig, zunächst in der Menüleiste auf "Ansicht", anschließend auf "weitere Fenster" und schließlich auf "Ressourcenansicht" zu klicken.

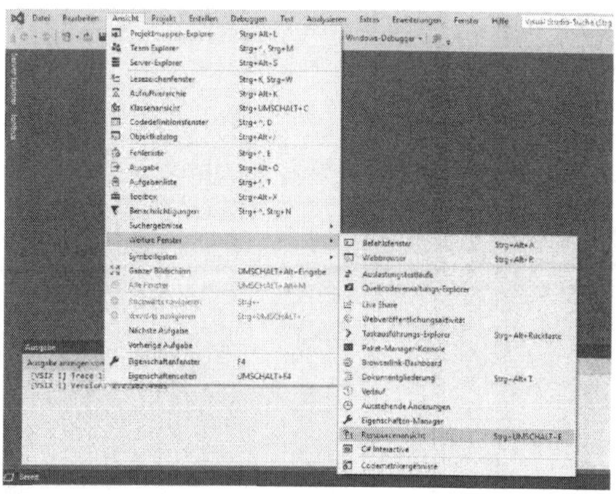

Screenshot 65 Das Öffnen der Ressourcenansicht

Danach erscheint am rechten Rand ein neues Fenster mit der Ressourcenansicht. Nun ist es notwendig, auf das kleine Dreieck neben "meinFenster" und danach neben den Ordnern "meinFenster.rc" und "Dialog" zu klicken. Auf diese Weise erscheint die Auswahloption "IDD_MEINFENSTER_DIALOG", die doppelt angeklickt werden muss.

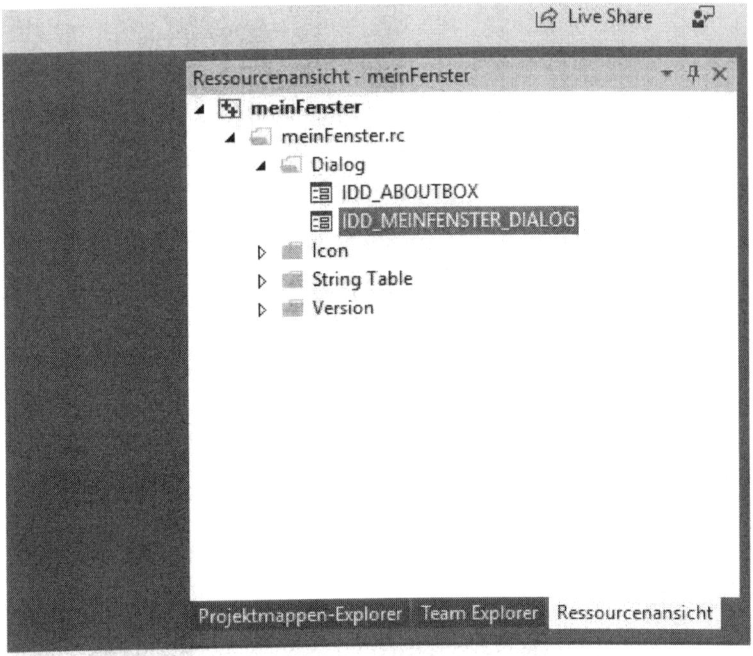

Screenshot 66 Der Aufruf des Dialogfensters über die Ressourcenansicht

Nachdem diese Auswahloption angeklickt wurde, erscheint im Zentrum, das vorher leer war, ein neues Fenster, in dem bereits ein Dialogfenster grafisch dargestellt wird. Bei manchen vorherigen Visual-Studio-Versionen erscheint dieses bereits direkt nach dem Erstellen des neuen Projekts, sodass es nicht notwendig ist, es über die Ressourcenansicht aufzurufen.

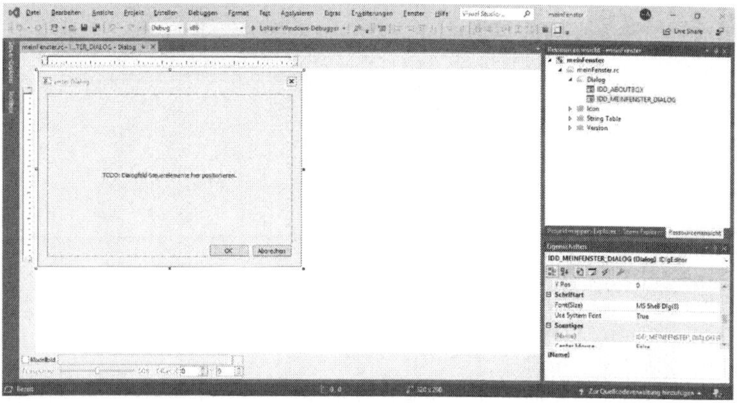

Screenshot 67 Das Dialogfenster in der grafischen Darstellung

Das Fenster, das hierbei sichtbar wird, trägt bereits den Titel, der bei der Erstellung des Projekts eingegeben wurde. Darüber hinaus sind ein Textfeld und zwei Buttons vorhanden. Um die Verwendung von Visual Studio kennenzulernen, ist es möglich, einfach einige Funktionen auszuprobieren – beispielsweise die verschiedenen Elemente zu verschieben, die Beschriftung über die Eigenschaften-Box am rechten unteren Bildrand zu verändern oder die Toolbox am linken Bildrand anzuklicken, um neue Elemente hinzuzufügen.

Darüber hinaus ist es empfehlenswert, über den Menüpunkt Ansicht den Projektmappen-Explorer aufzurufen. Auf diese Weise werden alle Dateien, die das Projekt umfasst, sichtbar. Daran wird deutlich, dass dieses kleine Projekt bereits eine Vielzahl an Dateien beinhaltet. Glücklicherweise erstellt diese Visual Studio ganz automatisch. Der Programmierer muss dabei nur wenige Dateien selbst bearbeiten. Das zeigt deutlich, wie hilfreich die IDE bei der Erstellung von fensterbasierten Programmen ist.

Zum Schluss ist es sinnvoll, das Programm zu kompilieren. Das geschieht auf die gleiche Weise wie im vorherigen Kapitel bei den Konsolen-Anwendungen. Wenn man danach den Debugger aktiviert, erscheint bereits das Fenster, das hier erstellt wurde.

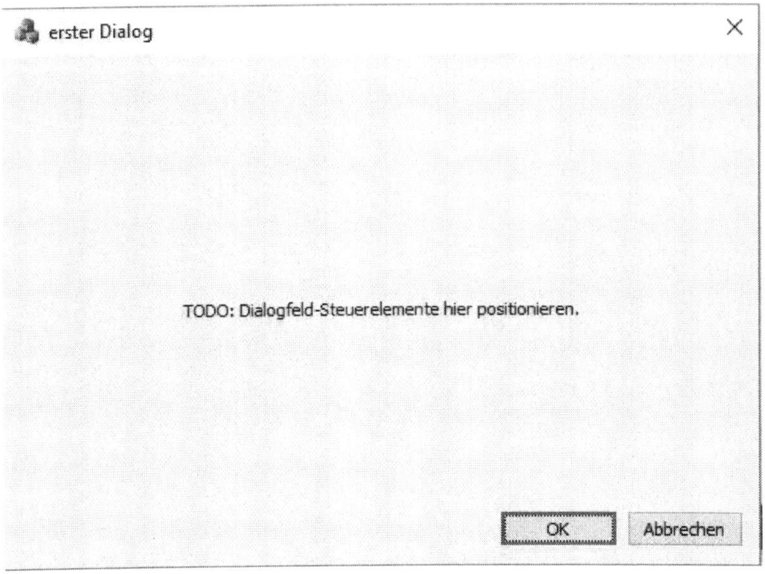

Screenshot 68 Das automatisch erstellte Dialogfenster

Dieses Fenster entspricht noch der Standard-Vorlage und weist keine eigenen Bestandteile auf – es sei denn, die einzelnen Elemente wurden bereits über die grafische Oberfläche bearbeitet. Dennoch sind damit bereits alle Grundlagen gelegt, um den Code so zu verändern, dass das Fenster alle gewünschten Funktionen erfüllt.

13.3 Das Fenster individuell gestalten und eigene Elemente hinzufügen

Bevor nun weitere Elemente in das Fenster eingefügt werden, sollen dessen grundsätzliche Eigenschaften etwas genauer betrachtet werden. Das Fenster, das bisher erstellt wurde, hat eine feste Größe, eine Titelleiste, einige Elemente und außerdem kann es verschoben werden. Viele dieser Eigenschaften lassen sich über die grafische Eingabe in Visual Studio direkt verändern. Doch es ist auch möglich, den Programmcode hierfür anzupassen. Diese Alternative bietet eine hohe Präzision und außerdem macht sie die Funktionsweise der Fenster deutlicher. Daher soll in den folgenden Abschnitten direkt mit dem Programmcode und nicht mit der grafischen Oberfläche gearbeitet werden.

Um das Fenster zu bearbeiten, muss die Datei meinFenster.rc geöffnet werden. Dafür ist es notwendig, den Projektmappenexplorer zu öffnen. Sie befindet sich im Bereich Ressourcendateien. Um den Code zu bearbeiten, ist es erforderlich, sie mit der rechten Maustaste anzuklicken und anschließend "Öffnen mit..." auszuwählen. Anschließend muss der Quellcode-Editor ausgewählt werden.

Diese Datei enthält viele verschiedene Bestandteile, von denen die meisten nicht direkt sichtbar sind. Um den Code für das Fenster, das bei der Ausführung des Programms erscheint, zu erreichen, ist es notwendig, bis zum Bereich "Dialog" nach unten zu scrollen.

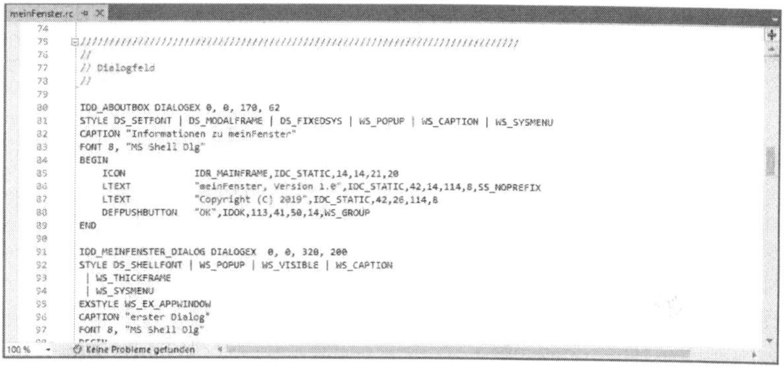

Screenshot 69 Der Code für die Ausgabefenster

Dieser Bereich enthält zwei Fenster. Das erste trägt den Namen `IDD_ABOUTBOX`. Dieses Fenster ist bei der normalen Ausführung des Programms nicht sichtbar. Wenn man jedoch auf das farbige Symbol in der Ecke links oben klickt und anschließend "Informationen zu meinFenster" auswählt, erscheint es. Es hat jedoch nur eine untergeordnete Bedeutung. Wichtiger ist es, das Hauptfenster zu

13

bearbeiten. Dieses ist unter der Überschrift `IDD_MEINFENSTER` aufgeführt.

Das Fenster wird mit dem Begriff `DIALOGEX` eingeführt. Um die Funktionsweise dieses Befehls kennenzulernen, ist es sinnvoll, die Hilfe zu aktivieren. Das geht ganz einfach, indem man den entsprechenden Befehl markiert und dann die Taste F1 betätigt. Daraufhin öffnet sich ein Browserfenster, das die Online-Hilfe genau zu diesem Befehl enthält. Dieses Vorgehen ist selbstverständlich auch bei vielen anderen Befehlen möglich und hilft dabei, die Funktionsweise des Programms zu verstehen.

In der Hilfe-Seite, die sich daraufhin öffnet, ist unter anderem folgende Zeile zu lesen: `nameID DIALOGEX x, y, width, height [, helpID] [optional-statements] {control-statements}`. Darunter ist aufgeführt, was die einzelnen Bestandteile bedeuten. Nun kann man beispielsweise versuchen, die Werte für `x` und `y` abzuändern. Dadurch verändert sich die Position des Fensters, die es beim Öffnen einnimmt. Indem man die beiden letzten Zahlen ändert, passt man die Breite und die Höhe des Fensters an.

Nach der Definition des Fensters folgt eine Zeile, die mit dem Ausdruck `STYLE` beginnt. Danach folgen mehrere Angaben, die jeweils mit einem senkrechten Strich voneinander getrennt sind. Um zu erfahren, was diese bedeuten und welche weiteren Möglichkeiten es gibt, ist folgende Seite hilfreich: https://msdn.microsoft.com/de-de/library/czada357.aspx

So ist es beispielsweise möglich, durch hinzufügen der Befehle `WS_MINIMIZEBOX` und `WS_MAXIMIZEBOX` eine Schaltfläche zum Minimieren und zum Maximieren hinzuzufügen.

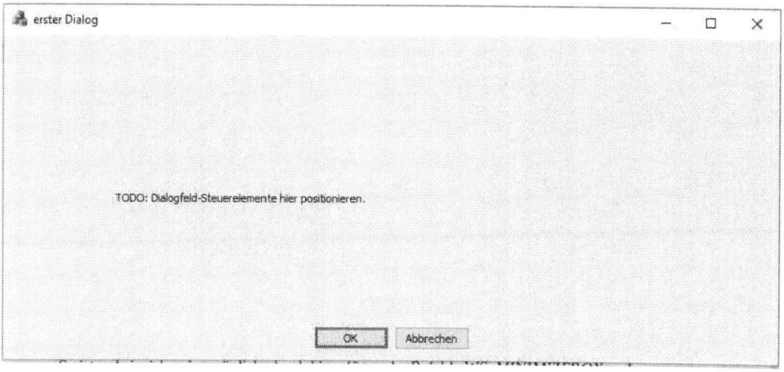

Screenshot 70 Das Fenster mit veränderter Größe und mit Schaltflächen zum Minimieren und maximieren

In den folgenden Zeilen ist es möglich, die Überschrift zu ändern, die Schriftgröße und die Schriftart vorzugeben oder einen Button neu zu beschriften oder ganz zu entfernen. Auf diese Weise lassen sich sehr präzise Änderungen am Fenster vornehmen.

Nachdem die grundlegenden Aspekte der Fenstergestaltung erklärt wurden, soll nun mit der Erstellung eines kleinen Beispielprogramms begonnen werden. Dieses soll eine Zahl vom Anwender abfragen und danach den doppelten Wert zurückgeben. Hierfür soll zunächst die Fensterbreite auf 220 reduziert werden. Die Höhe bleibt bei 200. Außerdem ist es sinnvoll, die Überschrift im Bereich `CAPTION` zu "Rechenprogramm" zu ändern. Anschließend ist ein Textfeld notwendig, das den Anwender zur Eingabe auffordert. Danach muss ein Eingabefeld hinzugefügt werden. Abschließend folgt ein Button, mit dem die Eingabe bestätigt wird.

Für das erste Element ist es möglich, das vorhandene Textfeld (`CTEXT`) weiterhin zu verwenden. Allerdings handelt es sich hierbei um ein zentriertes Textfeld. Für diese Anwendung ist es jedoch sinnvoller, es linksbündig auszurichten. Hierfür muss der Befehl in `LTEXT` umgewandelt werden. Außerdem ist es notwendig, den Text, die Position und die Größe zu ändern:

```
LTEXT "Geben Sie bitte eine Zahl ein:", IDC_STATIC,10,20,200,8
```

Danach folgt ein Eingabefeld. Dieses ist bislang noch nicht im Fenster enthalten. Um es einzufügen, ist es am einfachsten, nochmals kurz in die Ressourcenansicht zu wechseln. Über die Toolbox lässt sich nun ganz einfach das entsprechende Feld (Edit Control) in das Fenster ziehen. Die Position ist dabei egal – das wird später noch angepasst. Selbstverständlich wäre es auch möglich, den Code direkt einzugeben. Allerdings wäre es hierfür notwendig, weitere Anpassungen in anderen Dateien vorzunehmen. Das ist recht kompliziert. Die Toolbox übernimmt diese Aufgabe jedoch automatisch, sodass es bislang empfehlenswert ist, dieses Werkzeug zu verwenden. Wenn man nun zurück zum Quellcode wechselt, ist folgende Zeile hinzugekommen:

```
EDITTEXT        IDC_EDIT2,97,47,40,14,ES_AUTOHSCROLL
```

Die Zahlen für die Position können dabei jedoch unterschiedlich sein – je nachdem, wo das Feld positioniert wurde. Um es an die richtige Stelle zu bringen, ist es notwendig, die ersten beiden Werte durch 10 und 40 zu ersetzen.

Darüber hinaus ist ein Button für die Bestätigung der Eingabe notwendig. Dazu soll ebenfalls die Toolbox zum Einsatz kommen. Danach ist es notwendig, die Beschriftung und die Position auf folgende Weise zu verändern:

```
PUSHBUTTON      "Berechnen",IDC_BUTTON1,10,60,50,14
```

Für die Ausgabe kommt zunächst ein statisches Textfeld zum Einsatz, das das Ergebnis ankündigt. Die eigentliche Ausgabe erfolgt wieder über ein Eingabefeld. Beide Elemente sollen über die Toolbox eingefügt und anschließend wie folgt angepasst werden:

```
LTEXT           "Doppelter Wert:",IDC_STATIC,10,120,80,8
EDITTEXT        IDC_EDIT2,100,120,40,14,ES_AUTOHSCROLL
```

Der Abbrechen-Button bleibt weitestgehend unverändert. Lediglich die x-Position soll aufgrund der veränderten Fenstergröße auf 100 angepasst werden. Der Ok-Button kann hingegen gelöscht werden.

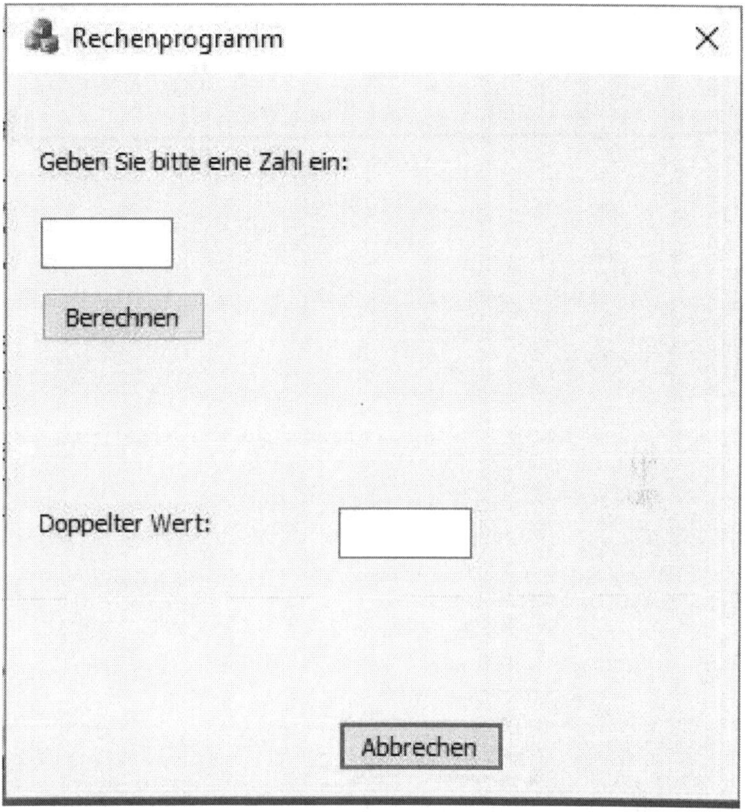

Screenshot 71 So soll das Fenster für das Rechenprogramm aussehen.

13.4 Auf Ereignisse reagieren

Das Fenster sieht nun bereits wie gewünscht aus. Allerdings reagiert es nicht auf gemachte Eingaben. Lediglich der Abbrechen-Button führt dazu, dass das Fenster geschlossen wird. Um eine gewünschte Aktion durchzuführen, ist es notwendig, die verschiedenen Ereignisse – beispielsweise das Anklicken eines Buttons – mit der gewünschten Funktion zu verbinden.

Um einem Element eine Funktion hinzuzufügen, kommt der Klassen-Assistent zum Einsatz. Dieser ist über die Menüleiste im Bereich "Projekt" erreichbar. Da er jedoch sehr häufig zum Einsatz kommt, ist es sinnvoll, sich gleich den Shortcut dafür zu merken: Strg+Shift+X.

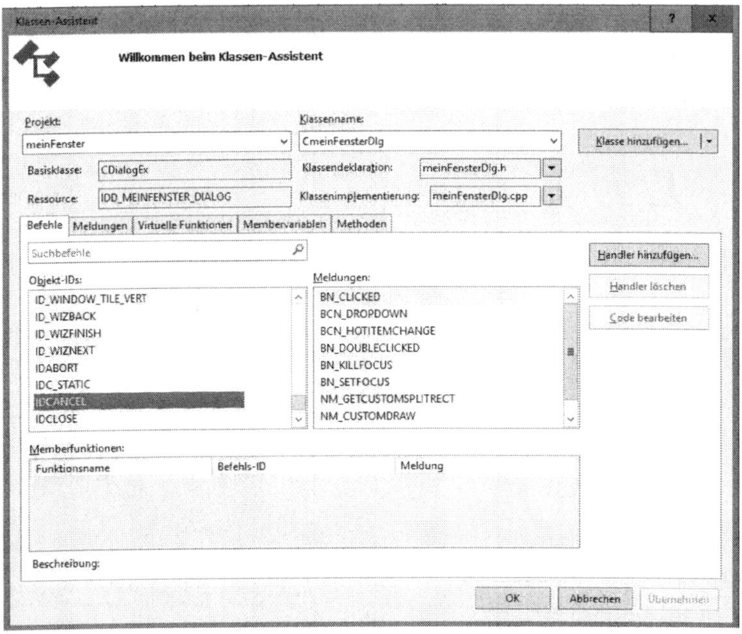

Screenshot 72 Der Klassen-Assistent

Hierbei ist es zunächst notwendig, unter Klassenname `CmeinFensterDlg` auszuwählen. Daraufhin werden alle hier enthaltenen Elemente angezeigt. Die Berechnung des Ergebnisses soll durchgeführt werden, wenn der Button mit der Aufschrift "Berechnen" geklickt wird. Wenn man sich dessen Code nochmals genau anschaut, fällt auf, dass hier nach der Eingabe für die Beschriftung der Ausdruck `IDC_BUTTON1` steht.

Dabei handelt es sich um die Objekt-ID, unter der das entsprechende Element erreichbar ist. Wenn man den Bereich unter Objekt-IDs betrachtet, sollte dieser Eintrag hier ebenfalls vorhanden sein. Um den Button zu bearbeiten, ist es notwendig, ihn anzuklicken.

Rechts daneben befindet sich der Bereich Meldungen. Hier ist es möglich, zu definieren, auf welche Ereignisse das Objekt reagieren soll. Buttons führen normalerweise eine Aktion durch, wenn sie angeklickt werden. Der Befehl hierfür lautet `BN_CLICKED`. Dieser soll daher ausgewählt werden. Anschließend ist es notwendig, auf "Handler hinzufügen" zu klicken. Danach öffnet sich ein neues Fenster, das den Anwender dazu auffordert, einen Memberfunktionsnamen einzugeben. Dieser soll unverändert (`OnClickedButton1`) bleiben. Danach ist es notwendig, die Änderungen im Klassen-Assistenten mit OK zu bestätigen.

Nach dem Schließen des Klassen-Assistenten wird automatisch die Datei meinFensterDlg.cpp geöffnet. Diese enthält nun eine Funktion mit dem entsprechenden Namen. Diese ist allerdings bislang – abgesehen von einigen Kommentarzeilen, die keine Auswirkungen auf das Programm haben – leer.

Um die Werte der Eingabe zu speichern, ist eine Variable notwendig, die den Inhalt des Eingabefelds aufnimmt. Dabei ist es nicht sinnvoll, diese selbst zu definieren, da diese in verschiedene Dateien eingebunden werden muss. Daher ist es erforderlich, erneut den Klassen-Assistenten zu öffnen. Dieser übernimmt diese Aufgabe automatisch. Nach dem Öffnen ist es notwendig, auf den Reiter mit der Beschriftung "Membervariablen" zu klicken.

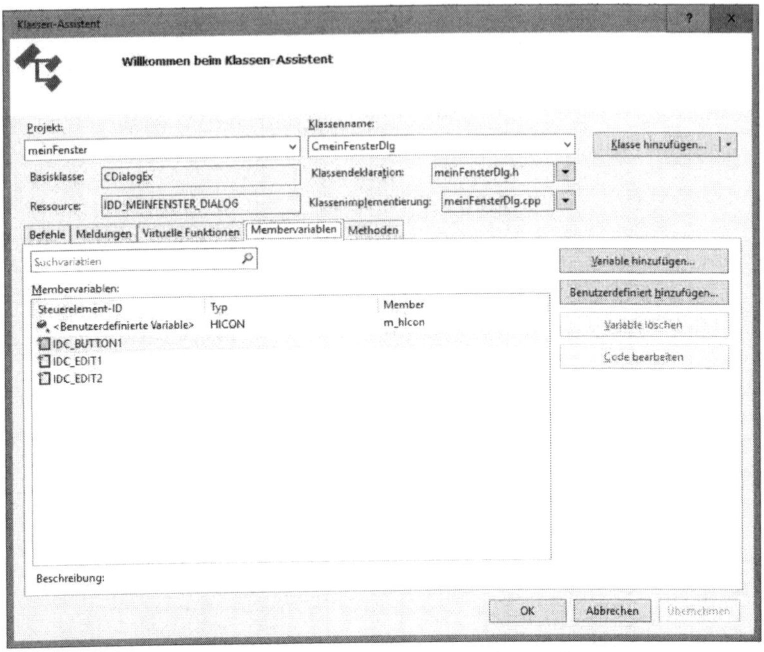

Screenshot 73 Die Membervariablen mit dem Klassen-Assistent einfügen

Die erste Variable soll für die Eingabe zum Einsatz kommen. Diese findet über das erste Eingabefeld mit der Objekt-ID `IDC_EDIT1` statt. Daher ist es notwendig, diese auszuwählen und anschließend auf "Variable hinzufügen" zu klicken. Daraufhin öffnet sich ein neues Fenster.

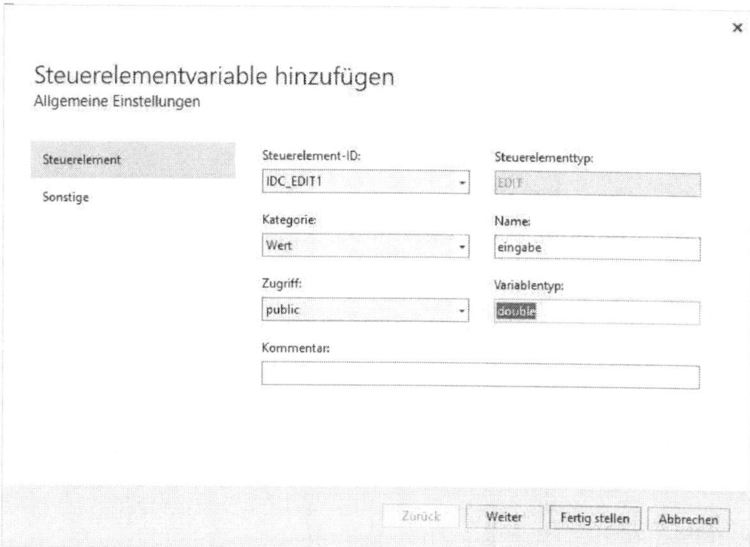

Screenshot 74 Eine Member-Variable hinzufügen

Im Feld Kategorie ist es notwendig, die Standard-Einstellung von Steuerelement zu Wert zu ändern. Die Variable soll den Typ `double` und den Namen `eingabe` erhalten. Der Zugriff soll öffentlich sein. Ein Kommentar ist nicht erforderlich. Anschließend ist es notwendig, diesen Vorgang für das Ausgabefeld `IDC_EDIT2` zu wiederholen. Die Werte sind mit Ausnahme des Variablennamens identisch. Dieser soll nun `ausgabe` lauten.

Nun ist es wieder notwendig, in die Datei meinFensterDlg.cpp zu wechseln. Hier befindet sich die Funktion, die ausgeführt wird, wenn der Anwender den Button anklickt. Diese enthält bislang lediglich eine Kommentarzeile. Diese kann gelöscht werden.

Zunächst ist es notwendig, die Eingaben, die in den entsprechenden Feldern vorhanden sind, abzurufen und in der zugehörigen Member-Variablen zu speichern. Dazu dient der Befehl `UpdateData(TRUE);`

Nun befindet sich der eingegebene Wert in der Variablen `eingabe`. Dieser muss mit den bekannten Befehlen verdoppelt und in der Variablen `ausgabe` abgespeichert werden. Danach ist es notwendig, den Wert der Variablen an die entsprechenden Eingabefelder zu übermitteln. Hierfür kommt er Befehl `UpdateData(FALSE);` zum Einsatz. Die komplette Funktion sieht wie folgt aus:

```
void CmeinFensterDlg::OnClickedButton1()
{
      UpdateData(TRUE);
      ausgabe = eingabe * 2;
      UpdateData(FALSE);
}
```

Nun kann man den Rechner bereits ausprobieren. Er sollte problemlos funktionieren. Allerdings besteht noch ein kleines Problem: Es ist möglich, auch in das Ausgabefeld zu schreiben. Das beeinträchtigt die Funktion zwar nicht, doch ist dies nicht erwünscht. Um das zu verhindern, ist es notwendig, an das Feld `IDC_EDIT2` nach einem senkrechten Strich den Ausdruck `ES_READONLY` anzuhängen.

Der komplette Code für das Eingabefenster sieht demnach wie folgt aus:

```
IDD_MEINFENSTER_DIALOG DIALOGEX 0, 0, 220, 200
STYLE DS_SETFONT | DS_FIXEDSYS | WS_POPUP | WS_VISIBLE |
WS_CAPTION | WS_SYSMENU | WS_THICKFRAME
EXSTYLE WS_EX_APPWINDOW
CAPTION "Rechenprogramm"
FONT 8, "MS Shell Dlg", 0, 0, 0x1
BEGIN
      PUSHBUTTON      "Abbrechen",IDCANCEL,263,179,50,14
      LTEXT           "Geben Sie bitte eine Zahl ein:",
                      IDC_STATIC,10,20,200,8
      PUSHBUTTON      "Berechnen", IDC_BUTTON1,10,60,50,14
      LTEXT           "Doppelter Wert:", IDC_STATIC,10,120,80,8
      EDITTEXT IDC_EDIT1,10,40,40,14,ES_AUTOHSCROLL
      EDITTEXT IDC_EDIT2,100,120,40,14,ES_AUTOHSCROLL | ES_
READONLY
END
```

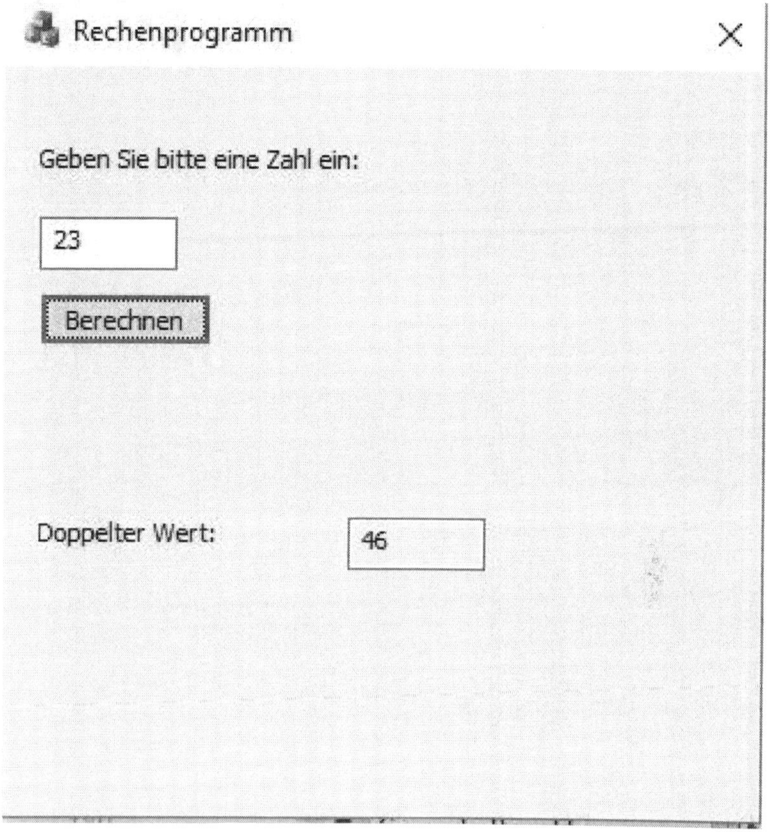

Screenshot 75 Der fertige Rechner

13.5 Übungsaufgabe: Ein eigenes Programm mit Fenstern erstellen

1. Erstellen Sie ein Fenster, das ähnlich aufgebaut ist wie der Rechner im vorherigen Beispiel. Dieser soll nun jedoch über zwei Eingabefelder verfügen, um zwei verschiedene Zahlen aufzunehmen. Erstellen Sie vier Buttons – jeweils einen für jede Grundrechenart. Diese sollen bei der Betätigung die entsprechenden Zahlen addieren, subtrahieren, multiplizieren beziehungsweise dividieren.

Lösung:

Der Code für das Fenster:

```
IDD_AUFGABE1_DIALOG DIALOGEX 0, 0, 220, 200
STYLE DS_SETFONT | DS_FIXEDSYS | WS_POPUP | WS_VISIBLE |
WS_CAPTION | WS_SYSMENU | WS_THICKFRAME
EXSTYLE WS_EX_APPWINDOW
CAPTION "Rechner"
FONT 8, "MS Shell Dlg", 0, 0, 0x1
BEGIN
    PUSHBUTTON   "Abbrechen",IDCANCEL,100,179,50,14
    PUSHBUTTON   "+",IDC_BUTTON1,30,60,50,14
    PUSHBUTTON   "-",IDC_BUTTON2,130,60,50,14
    PUSHBUTTON   "*",IDC_BUTTON3,30,80,50,14
    PUSHBUTTON   "/",IDC_BUTTON4,130,80,50,14
    LTEXT        "Zahl 1:",IDC_STATIC,10,20,40,8
    EDITTEXT     IDC_EDIT1,50,20,40,14,ES_AUTOHSCROLL
    LTEXT        "Zahl 2:",IDC_STATIC,110,20,40,8
    EDITTEXT     IDC_EDIT2,150,20,40,14,ES_AUTOHSCROLL
    EDITTEXT     IDC_EDIT3,110,120,80,14,ES_AUTOHSCROLL |
                 ES_READONLY
    LTEXT        "Ergebnis:",IDC_STATIC,10,120,100,8
END
```

Die Funktionen für die Buttons:

```
void CAufgabe1Dlg::OnClickedButton1()
{
      UpdateData(TRUE);
      ausgabe = eingabe1 + eingabe2;
      UpdateData(FALSE);
}
void CAufgabe1Dlg::OnClickedButton2()
{
      UpdateData(TRUE);
      ausgabe = eingabe1 - eingabe2;
      UpdateData(FALSE);
}
void CAufgabe1Dlg::OnClickedButton3()
{
      UpdateData(TRUE);
      ausgabe = eingabe1 * eingabe2;
      UpdateData(FALSE);
}
```

```
void CAufgabe1Dlg::OnClickedButton4()
{
      UpdateData(TRUE);
      ausgabe = eingabe1 / eingabe2;
      UpdateData(FALSE);
}
```

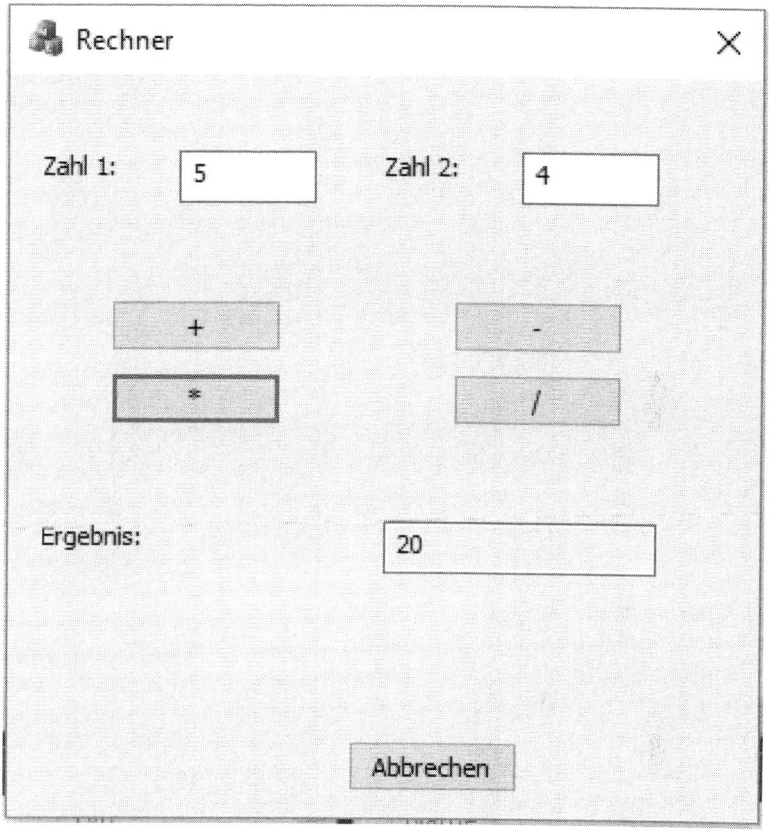

Screenshot 76 So soll der fertige Rechner aussehen.

Alle Programmcodes aus diesem Buch sind als PDF zum Download verfügbar. Dadurch müssen Sie sie nicht abtippen:
https://bmu-verlag.de/books/cpp_programmieren/

Außerdem erhalten Sie die eBook Ausgabe zum Buch im PDF Format kostenlos auf unserer Website:

https://bmu-verlag.de/books/cpp_programmieren/
Downloadcode: siehe Kapitel 15

Kapitel 14

Anwendungsbeispiel: ein Programm für die Lagerverwaltung

Zum Abschluss dieses Buchs steht ein praktisches Anwendungsbeispiel. Dabei soll ein Programm entstehen, das der Verwaltung eines kleinen Warenlagers dient. In den vorhergehenden Kapiteln wurde dieses Beispiel immer wieder verwendet, um kleine Programme zu gestalten, die dazu dienten, verschiedene Daten zu Produkten zu erfassen. Die meisten Funktionen, die das Verwaltungsprogramm enthalten soll, sind daher bereits bekannt. Diese werden nun jedoch zu einer größeren Einheit zusammengefasst. Außerdem soll die Bedienung nicht mehr über den Kommandozeileninterpreter erfolgen, sondern benutzerfreundlich über Dialogfenster. Das bedeutet, dass es notwendig ist, die bekannten Programmbausteine in eine Anwendung zu integrieren, die auf MFC beruht.

Das Programm, das hier aufgezeigt wird, soll nur einige grundlegende Funktionen beinhalten: die Anzeige des Bestands, die Aufnahme eines Artikels in das Sortiment, das Auffüllen der Bestände und den Verkauf eines Artikels. Wenn ein derartiges Programm tatsächlich in der Praxis zum Einsatz kommt, wäre es selbstverständlich notwendig, weitere Funktionen hinzuzufügen – beispielsweise für eine Preisänderung oder um einen Artikel komplett aus dem Sortiment zu entfernen. Der Leser ist dazu eingeladen, diese Funktionen anschließend selbst zu entwickeln. Die dafür notwendigen Kenntnisse werden in diesem Kapitel vermittelt. Das selbstständige Programmieren ist die beste Möglichkeit, um das Gelernte zu vertiefen.

Für die Programme, die hierbei entstehen, ist ein relativ langer Quellcode notwendig, der es manchmal nicht einfach macht, den

Überblick zu behalten. Daher soll an dieser Stelle ein neues Mittel eingeführt werden: Kommentare. Diese dienen lediglich dazu, Anmerkungen im Quellcode anzubringen. Sie haben jedoch keinerlei Auswirkung auf die Ausführung des Programms. Das wird erreicht, indem die Kommentare entsprechend gekennzeichnet werden. Für einzeilige Kommentare muss ein doppelter Schrägstrich (//) vorangestellt werden. Mehrzeilige Kommentare werden mit /* geöffnet und mit */ geschlossen.

14.1 Das grundlegende Fenster gestalten

Bevor man sich den einzelnen Funktionen zuwendet, ist es wichtig, sich über den grundlegenden Aufbau des Programms klar zu werden. Wenn der Anwender es öffnet, soll ein Fenster erscheinen, das ihm die Möglichkeit gibt, verschiedene Aktionen durchzuführen. Dafür soll es lediglich notwendig sein, einen Button anzuklicken. Da vier Funktionen angeboten werden, sollen vier verschiedene Buttons in das Fenster eingefügt werden. Hinzu kommt ein Button, um das Programm zu beenden, der ganz unten am Rand des Fensters eingefügt werden soll.

Wenn der Anwender einen Button anklickt, soll ein neues Fenster geöffnet werden. Dabei ist es erforderlich, jedes Fenster an die entsprechende Funktion anzupassen. Im ersten Schritt ist es jedoch nur notwendig, das Hauptfenster zu gestalten. Dafür muss ein neues MFC-Prokjekt mit dem Namen Lagerverwaltung erstellt werden. Dieses soll wieder auf Dialogfeldern basieren. Danach müssen in der Ressourcenansicht alle Bestandteile außer des Abbrechen-Buttons entfernt werden. Jetzt ist es notwendig, vier neue Buttons einzufügen. Die Fenstergröße bleibt unverändert. Nun sind fünf Elemente im Fenster vorhanden, die über den Quellcode nach folgendem Muster angepasst werden sollen:

```
PUSHBUTTON    "Programm beenden",IDCANCEL,10,179,300,14
PUSHBUTTON    "Bestand anzeigen",
              IDC_BUTTON1,10,30,140,50
PUSHBUTTON    "Neuen Artikel ins Sortiment aufnehmen",
```

```
                IDC_BUTTON2,170,30,140,50
PUSHBUTTON      "Bestand auffüllen",
                IDC_BUTTON3,10,100,140,50
PUSHBUTTON      "Artikel verkaufen",
                IDC_BUTTON4,170,100,140,50
```

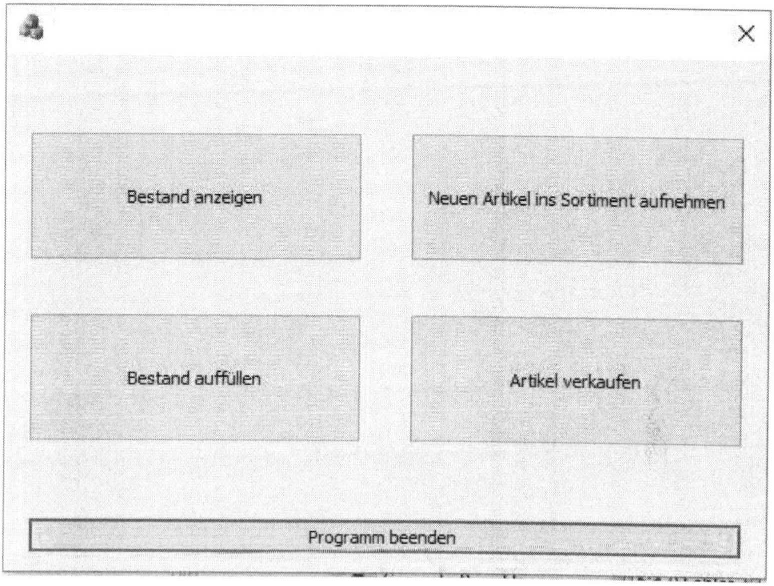

Screenshot 77 Das Hauptfenster des Programms

14.2 Bestand anzeigen lassen

Der erste Button soll bewirken, dass das Programm den Bestand anzeigt. Wie bereits erwähnt, öffnet sich hierfür ein neues Fenster. Dazu ist es notwendig, in der Ressourcenansicht mit der rechten Maustaste auf "Dialog" zu klicken und anschließend "Dialog einfügen" auszuwählen.

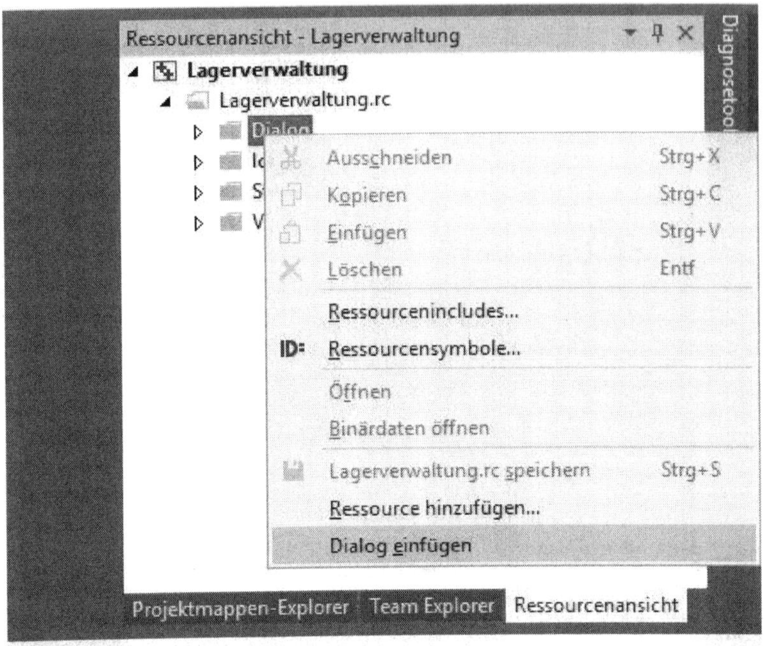

Screenshot 78 Einen neuen Dialog hinzufügen

Daraufhin wird das neue Fenster in der Ressourcenansicht angezeigt. Um mit ihm arbeiten zu können, ist es jedoch notwendig, eine neue Klasse dafür zu definieren. Dafür ist es lediglich notwendig, es mit der rechten Maustaste anzuklicken und dann "Klasse hinzufügen" auszuwählen. Nun muss nur noch "BestandAnzeigen" als Name eingefügt werden. Die Bezeichnungen für die übrigen abhängigen Dateien erstellt Visual Studio ganz automatisch.

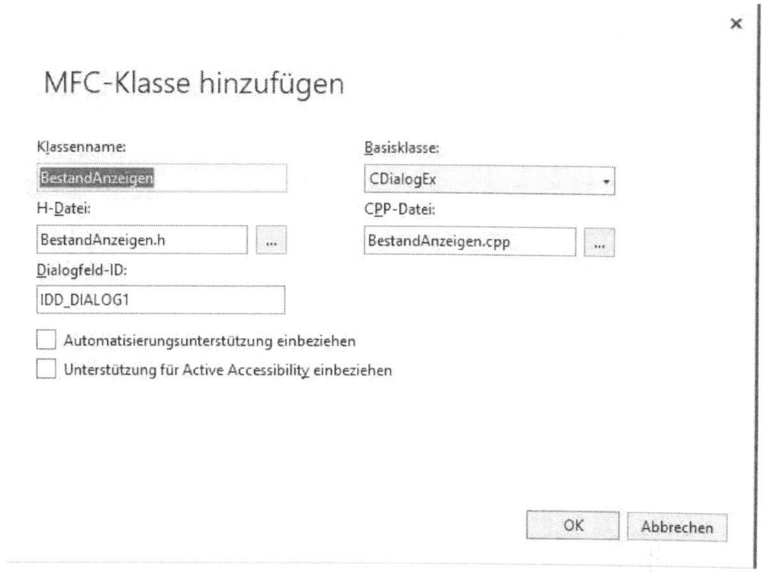

Screenshot 79 Eine neue Klasse für das Fenster erstellen

Das neue Fenster soll geöffnet werden, wenn der Anwender den ersten Button mit der Aufschrift "Bestand anzeigen" anklickt. Daher muss diese Aktion mit dem entsprechenden Button verbunden werden. Hierfür ist es notwendig, den Klassen-Assistenten aufzurufen, den Klassennamen `CLagerverwaltungDlg` auszuwählen und anschließend die entsprechende ID (`IDC_BUTTON1`) anzuklicken. Das Fenster soll bei einem Klick auf den Button geöffnet werden, sodass als Meldung `BN_CLICKED` angegeben werden muss. Nach dem Hinzufügen des Handlers gelangt man zu der Funktion, die die entsprechenden Aktionen durchführt.

In die Funktion müssen nun die beiden folgenden Zeilen eingetragen werden:

```
BestandAnzeigen bestand;
bestand.DoModal();
```

Die erste erzeugt ein Objekt der neuen Klasse `BestandAnzeigen` mit dem Namen bestand. Dieses Objekt entspricht dem neuen Fenster, das soeben erstellt wurde. Die Methode `DoModal()` sorgt dafür, dass das neue Fenster auf dem Bildschirm angezeigt wird. Damit die Klasse verfügbar ist, muss ganz oben in der Datei noch der Befehl `#include "BestandAnzeigen.h"` eingefügt werden.

Wenn man das Programm jetzt kompiliert und auf den Button "Bestand anzeigen" klickt, erscheint das neue Fenster bereits auf dem Bildschirm. Im nächsten Schritt muss dessen Layout angepasst werden. Dazu muss es in der Ressourcen-Ansicht geöffnet werden.

Zunächst ist es sinnvoll, eine Überschrift anzubringen. Hierfür eignet sich ein statisches Textfeld, sodass dieses über die Toolbox eingefügt werden soll. Danach soll das Programm den kompletten Lagerbestand anzeigen. Dabei weiß der Programmierer jedoch noch nicht, um wie viele Artikel es sich dabei handelt – es können nur ein oder zwei Produkte verfügbar sein oder viele Hundert. Darüber hinaus ist es möglich, dass sich der Bestand im Laufe der Zeit ändert. Aus diesem Grund ist es notwendig, dass das Programm die Darstellung automatisch an die Größe des Inhalts anpasst. Hierfür empfiehlt sich ein Feld mit Scrollbar. Dieses lässt sich am besten durch ein Edit-Control-Feld verwirklichen. Daher soll dieses nun ebenfalls auf das Fenster gezogen werden. Der Abbrechen-Button soll hingegen verschwinden – der OK-Button reicht zum Schließen des Programms aus.

Damit das Edit-Control-Feld seine Aufgaben erfüllt, ist es notwendig, einige Anpassungen vorzunehmen. Das lässt sich ganz einfach im Feld Eigenschaften am rechten unteren Bildrand erledigen. Zunächst ist es notwendig, das entsprechende Feld anzuklicken. Daraufhin werden die möglichen Eigenschaften angezeigt. Zunächst ist es notwendig, die Eigenschaft "Multiline" auf True zu setzen. Nur so ist es möglich, mehrere Zeilen in das Feld einzutragen.

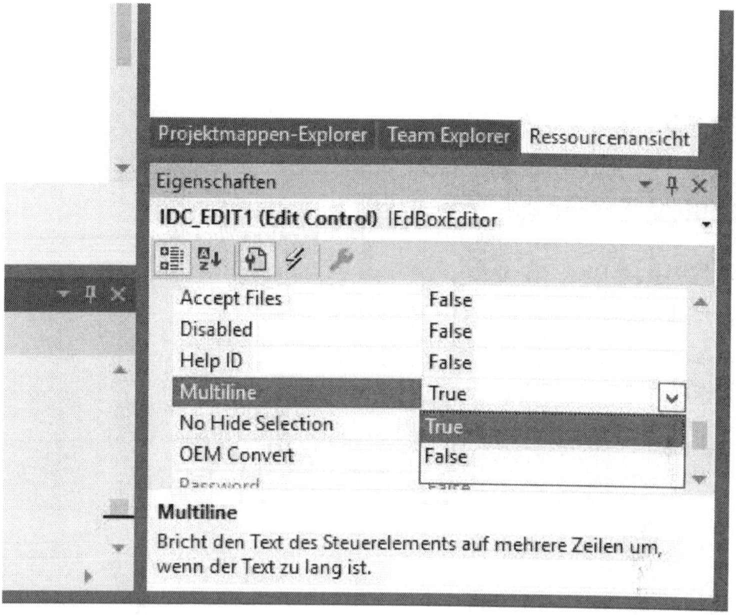

Screenshot 80 Mit diesem Befehl ist es möglich, mehrere Zeilen in das Feld einzufügen.

Danach ist es noch notwendig, die Befehle `Auto Vscroll`, `Vertical Scroll` und `Read Only` auf `True` zu setzen. Der erste von ihnen ermöglicht das Scrollen, der zweite fügt eine Scrollbar ein und der dritte verhindert, dass der Anwender Eingaben in diesem Feld machen kann.

Nun ist es sinnvoll, zur Quellcode-Ansicht der Datei Lagerverwaltung.rc zu wechseln. Hier ist durch die vorherigen Aktionen unter dem Hauptfenster ein weiterer Eintrag hinzugekommen: `IDD_DIALOG1`. Das Feld `EDITTEXT` wurde mit folgenden Attributen versehen: `ES_MULTILINE | ES_AUTOVSCROLL | ES_AUTOHSCROLL | ES_READONLY | WS_VSCROLL`. Mit Ausnahme der Eigenschaft `ES_AUTOHSCROLL`, die bereits bei der Erzeugung des Feldes hinzugefügt wird, entstanden diese Einträge aufgrund der Änderungen, die soeben über das Eigenschaften-Fenster vorgenommen wurden. Selbstverständlich ist es alternativ dazu auch möglich, sie direkt in den Quellcode zu schreiben.

Nun ist es noch notwendig, die Größen und die Positionen des Fensters sowie der einzelnen Felder vorzugeben. Das geht einfach und präzise über den Quellcode. Das Fenster selbst soll etwas höher als bisher sein. Das macht die Darstellung größerer Bestände übersichtlicher. Auch die Breite soll angepasst werden. Die übrigen Werte können beibehalten werden, sodass sich für das Fenster folgende Zeile ergibt: `IDD_DIALOG1 DIALOGEX 0, 0, 300, 350`

Auch für die einzelnen Elemente im Fenster sollen die Positionen und die Größen angepasst werden. Dafür ist es notwendig, die entsprechenden Zeilen im Quellcode nach folgendem Muster zu verändern:

```
DEFPUSHBUTTON    "OK",IDOK,20,320,260,14
LTEXT            "Der aktuelle Lagerbestand:",
                 IDC_STATIC,20,20,260,8
EDITTEXT         IDC_EDIT1,20,50,260,240,ES_MULTILINE |
                 ES_AUTOVSCROLL | ES_AUTOHSCROLL | ES_
                 READONLY
```

Screenshot 81 So sollte das Fenster bisher aussehen.

Als weitere Änderung soll in der Zeile `CAPTION` der Titel des Fensters von Dialog zu Bestand geändert werden.

Der letzte Schritt besteht darin, das Fenster mit den entsprechenden Inhalten zu füllen. Hierfür ist es notwendig, sich zunächst eine genaue Struktur für die Daten zu überlegen. An erster Stelle soll die Artikelnummer stehen. Hierfür ist ein `int`-Wert geeignet. An zweiter Stelle steht der Produktname – ein `string`-Wert. Daraufhin folgen der Preis und die Anzahl der vorrätigen Produkte. Hierfür sind `float`- beziehungsweise `int`-Variablen notwendig.

In der Textdatei, die für die Datenspeicherung zum Einsatz kommt, sollen die einzelnen Werte jeweils in einer eigenen Zeile abgespeichert werden. Zum Trennen der einzelnen Datensätze kommt eine Leerzeile zum Einsatz. Um das Einlesen der Daten auszuprobieren, ist es sinnvoll, an dieser Stelle mit dem Texteditor wenigstens zwei Datensätze nach diesem Muster zu erstellen. Die Werte können dabei frei gewählt werden. Es ist lediglich wichtig, die Einträge nach der Artikelnummer zu ordnen. Die Datei muss unter dem Namen bestand.txt im gleichen Ordner abgespeichert werden, in dem sich die Quelldateien dieses Projekts befinden (normalerweise C:\Users\PC\source\repos\Lagerverwaltung\Lagerverwaltung).

14

Um das Textfeld mit Inhalten zu füllen, ist es notwendig, eine Membervariable zu erstellen. Dies geschieht nach dem gleichen Muster wie im vorherigen Kapitel vorgestellt: über den Klassen-Assistenten, den Reiter Membervariablen und die Auswahl des entsprechenden Textfelds. Dabei ist es wichtig, die Kategorie auf "Wert" zu setzen. Der Variablenname soll `ausgabeDialog1` lauten. Der Typ der Variablen wird automatisch auf `CString` gesetzt. Dieser Typ ist etwas anders aufgebaut als gewöhnliche `string`-Variablen. Allerdings wird er von Visual Studio besser unterstützt. Daher soll er hier übernommen werden.

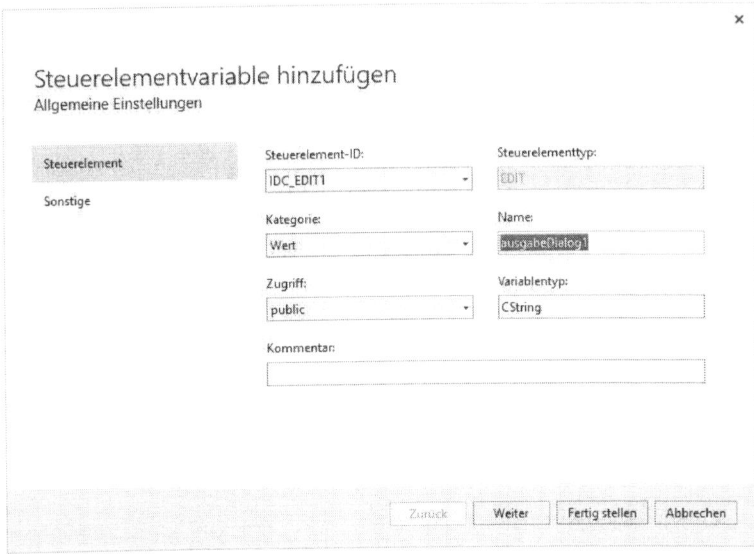

Screenshot 82 Das Hinzufügen der Membervariable

Die Textausgabe im entsprechenden Feld soll bereits beim Öffnen des Fensters durchgeführt werden. Aus diesem Grund ist es notwendig, die Befehle in den Konstruktor zu schreiben. Dieser befindet sich in der Datei BestandAnzeigen.cpp, die beim Erstellen der Klasse automatisch erstellt wurde.

Er sieht bislang wie folgt aus:

```
BestandAnzeigen::BestandAnzeigen(CWnd* pParent /*=nullptr*/)
	: CDialogEx(IDD_DIALOG1, pParent)
	, ausgabeDialog1(_T(""))
{

}
```

Der Bereich zwischen den geschweiften Klammern ist noch leer. An dieser Stelle kann man Code eingeben, der direkt bei der Erstellung des Fensters ausgeführt werden soll. Hierfür sind nun folgende Befehle notwendig:

```
string str = inhaltAuslesen();
CString cstr(str.c_str());
ausgabeDialog1 = cstr;
```

Die erste Zeile definiert eine `string`-Variable mit dem Namen `str` und weist ihr den Rückgabewert der Funktion `inhaltAuslesen` zu. Da die Verwendung von `CStrings` und gewöhnlichen Strings verschieden ist, wurde an dieser Stelle der Beschluss gefasst, mit den bereits bekannten `string`-Variablen zu arbeiten. So ist es möglich, die Operationen, die in diesem Buch schon vorgestellt wurden, weiterhin zu verwenden. Zum Schluss ist es lediglich notwendig, das Ergebnis in einen `CString` zu überführen. Dazu dient die zweite Zeile. Diese erzeugt eine `CString`-Variable mit der Bezeichnung `cstr`, die den gleichen Inhalt hat wie `str`. Deren Wert wird schließlich in der dritten Zeile der Membervariablen `ausgabeDialog1` zugewiesen. Der Konstruktor überführt den Wert der Variablen automatisch zum entsprechenden Ausgabefeld. Daher ist es nicht notwendig, es mit dem `UpdateData`-Befehl zu aktualisieren.

Viele Leser fragen sich nun sicherlich, welche Aufgabe die Funktion `inhaltAuslesen` durchführt. Die Antwort lautet: Bislang noch keine. Sie existiert nicht einmal. Daher besteht die nächste Aufgabe darin, diese zu erstellen. Aus Gründen der Übersichtlichkeit wird die Funktion in eine separate Datei ausgelagert. Um diese zu erzeugen, ist es notwendig, im Projektmappen-Explorer mit der rechten Maustaste auf Headerdateien zu klicken. Daraufhin muss im Kontext-Menü Hinzufügen → neues Element ausgewählt werden. Dann öffnet sich folgendes Fenster:

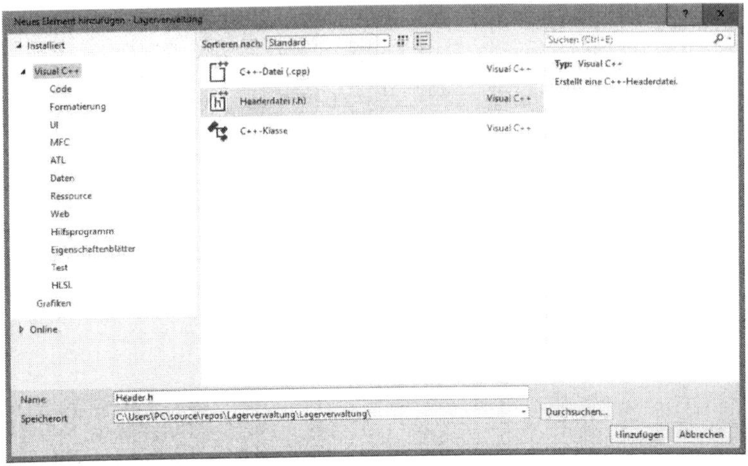

Screenshot 83 Das Hinzufügen einer neuen Header-Datei.

Hier ist es notwendig, eine Headerdatei(.h) auszuwählen. Sie soll den Namen funktionen.h erhalten.

Die neue Datei ist noch – abgesehen von der Zeile `#pragma once` – leer. Darunter soll folgender Code eingefügt werden:

```
#include <string>
#include <fstream>

using namespace std;

string inhaltAuslesen()
{
     string str = "", rueckgabe = "";
     int i = 0;

     fstream f;
     f.open("sortiment.txt", ios::in);

     /*Diese Schleife liest die Datei Zeile für Zeile ein und
     stellt dem Inhalt einen passenden Bezeichner voran.*/
     while (!f.eof())
     {
          i++;
          if (i == 1)
          {
               rueckgabe += "Artikelnummer:          ";
          }
```

```
            if (i == 2)
            {
                rueckgabe += "Bezeichnung:              ";
            }
            if (i == 3)
            {
                rueckgabe += "Preis:                    ";
            }
            if (i == 4)
            {
                rueckgabe += "Bestand:                  ";
            }
            if (i == 5)
            {
                i = 0;
            }
            getline(f, str);
            rueckgabe += str + "\r\n";
        }
        f.close();
        return rueckgabe;
}
```

Dieses Programm definiert zunächst zwei `string`-Variablen: `str` soll den Wert der aktuellen Zeile aufnehmen. Die Variable `rueckgabe` setzt die einzelnen Bestandteile zusammen und dient später als Rückgabewert. Darüber hinaus wird die `int`-Variable `i` als Zähler eingefügt.

Danach erstellt das Programm einen Stream zur Text-Datei, die manuell in das entsprechende Verzeichnis kopiert wurde. Dann folgt eine Schleife, die das Programm Zeile für Zeile ausliest. Die entsprechenden Befehle sollten bereits aus Kapitel 11 bekannt sein.

In der Schleife wird überprüft, welcher Wert gerade ausgelesen wird. Das geschieht anhand des Zählers: Beim ersten Durchlauf handelt es sich um die Artikelnummer, beim zweiten um die Bezeichnung, beim dritten um den Preis, beim vierten um den Bestand und beim fünften um die trennende Leerzeile.

Bei den ersten vier Zeilen fügt das Programm daher den entsprechenden Ausdruck hinzu. Danach folgen einige Leerzeichen, die dafür sorgen, dass eine tabellarische Anordnung entsteht. Die notwendige Anzahl der Leerzeichen muss der Leser selbst ausprobieren und in seinem Programm anpassen. Im fünften Durchgang ist keine Bezeichnung erforderlich. Dafür muss das Programm den Zähler wieder auf 0 setzen, um auch beim nächsten Artikel die passenden Bezeichner hinzuzufügen.

Danach fügt das Programm der Variablen `rueckgabe` den Wert der aktuellen Zeile hinzu. Auch dieser Befehl sollte noch aus Kapitel 11 bekannt sein. Dabei ist es lediglich wichtig, zu beachten, dass hier für den Zeilenumbruch anstatt des bisher verwendeten "\n" der Ausdruck "\r\n" zum Einsatz kommt. Das liegt daran, dass Windows-Programmfenster hierfür einen anderen Ausdruck als Kommandozeileninterpreter nutzen.

Nun sollte das Programm den Bestand bereits richtig ausgeben. Nach dem Klick auf den entsprechenden Button öffnet sich folgendes Fenster:

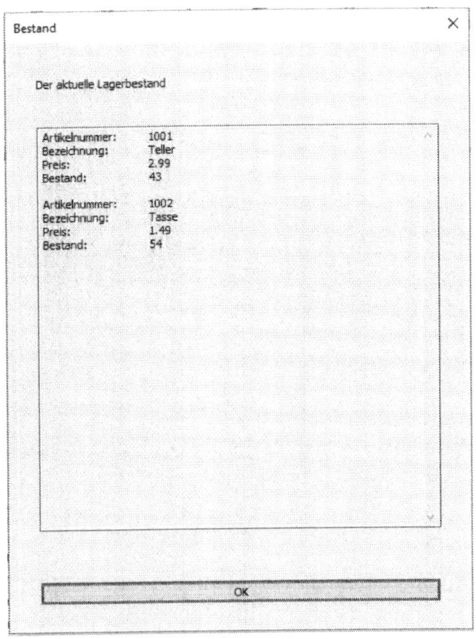

Screenshot 84 Die Ausgabe des Warenbestands

Wer die Scroll-Funktion des Fensters ebenfalls überprüfen möchte, muss die Text-Datei mit dem Bestand mit so vielen Einträgen füllen, dass diese über das untere Ende des Feldes hinausragen.

14.3 Einen neuen Artikel ins Sortiment aufnehmen

Der zweite Button ermöglicht es, einen neuen Artikel ins Sortiment aufzunehmen. Auch hierbei soll ein neues Fenster geöffnet werden. Die dafür notwendigen Schritte sind identisch zum Button, der den Bestand anzeigt. Lediglich die Namen müssen unterschiedlich gewählt werden. Daher werden die einzelnen Schritte nur in aller Kürze wiederholt. Wer nochmals eine ausführlichere Anleitung benötigt, kann im vorhergehenden Abschnitt nachschlagen.

Zunächst ist es notwendig, ein neues Dialogfenster zu gestalten und diesem die Klasse `ArtikelEinfuegen` zuzuweisen. Danach muss dem Button `IDC_BUTTON2` über den Klassen-Assistenten eine Funktion zugewiesen werden. Diese soll folgende Befehle beinhalten:

```
ArtikelEinfuegen einfg;
einfg.DoModal();
```

Außerdem ist es notwendig, die entsprechende Headerdatei mit dem Befehl `#include "ArtikelEinfuegen.h"` einzubinden. Nun sollte sich das neue Fenster bereits öffnen lassen.

Daraufhin ist es notwendig, sich zu überlegen, wie das Layout für dieses Fenster aussehen soll. Für die Überschrift soll ein statisches Textfeld zum Einsatz kommen. Danach soll der Anwender die Werte für die Artikelnummer, die Produktbezeichnung, den Preis und den Bestand eingeben. Hierfür soll jeweils ein statisches Textfeld mit der Beschriftung und ein Edit-Control-Feld für die Eingabe zum Einsatz kommen. Die entsprechenden neun Elemente sollen wieder über die Toolbox hinzugefügt werden. Hinzu kommen der OK- und der Abbrechen-Button, die bereits vorhanden sind. Beide sollen in diesem Fenster erhalten bleiben.

Danach ist es notwendig, zum Quellcode zu wechseln. Die Position, die Größe und die Beschriftung des Fensters und der Felder sollen wie folgt angepasst werden:

```
IDD_DIALOG2 DIALOGEX 0, 0, 300, 200
STYLE DS_SETFONT | DS_MODALFRAME | DS_FIXEDSYS | WS_POPUP | WS_
CAPTION | WS_SYSMENU
CAPTION "Artikel hinzufügen"
FONT 8, "MS Shell Dlg", 400, 0, 0x1
BEGIN
    DEFPUSHBUTTON     "OK",IDOK,20,170,110,14
    PUSHBUTTON        "Abbrechen",IDCANCEL,170,170,110,14
    LTEXT             "Artikel zum Sortiment hinzufügen",
                      IDC_STATIC, 20, 20, 150, 8
    LTEXT             "Artikelnummer:",IDC_STATIC,20,40,100,8
    LTEXT             "Bezeichnung:",IDC_STATIC,20,60,100,8
    LTEXT             "Preis",IDC_STATIC,20,80,100,8
    LTEXT             "Bestand",IDC_STATIC,20,100,100,8
    EDITTEXT          IDC_EDIT1,170,40,110,14,ES_AUTOHSCROLL
    EDITTEXT          IDC_EDIT2, 170,60,110,14,ES_AUTOHSCROLL
    EDITTEXT          IDC_EDIT3, 170,80,110,14,ES_AUTOHSCROLL
    EDITTEXT          IDC_EDIT4, 170,100,110,14,ES_AUTOHSCROLL
END
```

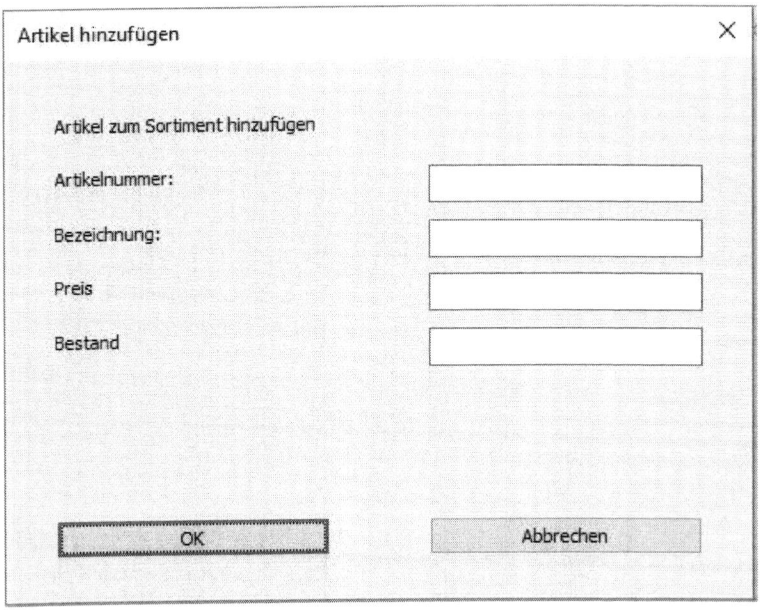

Screenshot 85 Das Fenster zum Hinzufügen eines neuen Artikels

Für jedes der Edit-Felder ist es nun notwendig, eine Member-Variable hinzuzufügen. Das soll nach dem bekannten Muster ablaufen. Folgende Tabelle gibt die Bezeichnungen und Typen an:

`artikelnummer`	`int`
`bezeichnung`	`CString`
`preis`	`float`
`bestand`	`int`

Wichtig: Bei Klassenname "`ArtikelEinfuegen`" auswählen und bei jeder Variable die Kategorie zu "`Wert`" ändern.

In diesem Fenster soll eine Aktion ausgeführt werden, wenn der Anwender auf den OK-Button drückt. Dieser trägt die Bezeichnung `IDOK`. Nun ist es notwendig, im Klassen-Assistenten nach der entsprechenden Bezeichnung zu suchen. Dabei ist es wichtig, darauf zu achten, dass der Klassenname `ArtikelEinfuegen` ausgewählt ist. Da die entsprechende ID auch in anderen Klassen vorhanden ist, könnte es sonst zu Verwechslungen kommen.

Daraufhin öffnet sich die entsprechende Funktion. Hier ist bereits eine Code-Zeile enthalten. Diese sorgt dafür, dass sich das Fenster nach der Anwendung schließt. Diese Funktion soll beibehalten werden.

Wenn der Anwender den Button drückt, muss das Programm zunächst die Daten aus den einzelnen Feldern abrufen. Dazu dient wie bisher der `UpdateData`-Befehl. Die Variable `Bezeichnung` wird hier nun wieder als `CString` übermittelt, um einen reibungslosen Ablauf in den automatisch von Visual Studio erstellten Programmteilen zu gewährleisten. Um wie gewohnt mit gewöhnlichen `string`-Variablen zu arbeiten, ist es notwendig, ihn entsprechend umzuwandeln. Hierzu sind zwei Befehle notwendig: `CT2CA tmp(bezeichnung);` und `string str(tmp);`

Anschließend ist es lediglich notwendig, die Funktion `einfuegen` aufzurufen und ihr alle Inhalte aus den Eingabefeldern zu übergeben. Die komplette Funktion sieht wie folgt aus:

```
void ArtikelEinfuegen::OnBnClickedOk()
{
	UpdateData(TRUE);
	CT2CA tmp(bezeichnung);
	string str(tmp);
	einfuegen(artikelnummer, str, preis, bestand);
	CDialogEx::OnOK();
}
```

Für die Funktion `einfuegen` soll eine neue Datei mit dem Namen funktionen2.h erstellt werden. Das geschieht wieder über den Projektmappen-Explorer mit einem Rechtsklick auf "Headerdateien". Ihre Aufgabe besteht darin, einen neuen Artikel in die Datei zu schreiben. Im Prinzip wäre dies ganz einfach, wenn man den Zusatz `ios::app` beim Aufruf der Datei verwendet. Dabei wird der neue Artikel jedoch stets am Ende der Datei angehängt. Es ist jedoch sinnvoll, die einzelnen Produkte nach ihrer Artikelnummer zu sortieren. Dafür ist folgender Programmcode erforderlich:

```
#pragma once

#include <string>
#include <fstream>

using namespace std;

//Struktur für die Daten eines Artikels
struct artikel
{
	int artnr;
	string bez;
	float pr;
	int best;
};

//Funktion zum Zählen der Artikel in der Datei
int zaehlen()
{
	int anzahl = 0;
	string inhalt;
	fstream f;
	f.open("sortiment.txt", ios::in);

	while (!f.eof())
	{
		getline(f, inhalt);
```

```
          if (inhalt == "")
          {
               anzahl++;
          }
     }
     return anzahl;
}

void einfuegen(int neueArtikelnummer, string neueBezeichnung,
float neuerPreis, int neuerBestand)
{
     artikel neuerArtikel;
     neuerArtikel.artnr = neueArtikelnummer;
     neuerArtikel.bez = neueBezeichnung;
     neuerArtikel.pr = neuerPreis;
     neuerArtikel.best = neuerBestand;
     string inhalt;
     int j = 0;
     int k = 0;
     bool ersterDurchgang = true;

     int groesse = zaehlen();
     artikel* gesamtbestand = new artikel[groesse+1];
     fstream f;
     f.open("sortiment.txt", ios::in);

     //Schleife liest Daten ein und speichert sie in Array
     while (!f.eof())
     {
          getline(f, inhalt);
          j++;
          if (j == 1)
          {
               gesamtbestand[k].artnr = stoi(inhalt);
          }
          if (j == 2)
          {
               gesamtbestand[k].bez = inhalt;
          }
          if (j == 3)
          {
               gesamtbestand[k].pr = stof(inhalt);
          }
          if (j == 4)
          {
               gesamtbestand[k].best = stoi(inhalt);
          }
          if (j == 5)
          {
```

```
            j = 0;
            k++;
        }
    }
    f.close();
    //Schleife fügt neuen Artikel an der richtigen Stelle
    //in das Array ein.
    for (int i = (groesse-1); i >= 0; i--)
    {
        if (gesamtbestand[i].artnr > neuerArtikel.artnr)
        {
            gesamtbestand[i + 1] = gesamtbestand[i];
            if (i == 0)
            /*Wenn die Bedingung eintritt, ist die neue
            Artikelnummer kleiner als alle anderen.*/
            {
                gesamtbestand[i] = neuerArtikel;
            }
        }
        else
        //richtige Position erreicht: Artikel wird //
        eingefügt.
        {
            gesamtbestand[i+1] = neuerArtikel;
            i = -1;
        }
    }
    f.open("sortiment.txt", ios::out);

    //Inhalt des Arrays wird in Datei geschrieben.
    for (int i = 0; i <= groesse; i++)
    {
        if (ersterDurchgang == false)
        {
            f << "\n";
        }
        else
        {
            ersterDurchgang = false;
        }
        f << gesamtbestand[i].artnr;
        f << "\n";
        f << gesamtbestand[i].bez;
        f << "\n";
        f << gesamtbestand[i].pr;
        f << "\n";
        f << gesamtbestand[i].best;
        f << "\n";
    }
```

```
        f.close();
        delete[] gesamtbestand;
        MessageBox(NULL, L"Artikel hinzugefügt!",
        L"Aktion erfolgreich!", MB_OK);
}
```

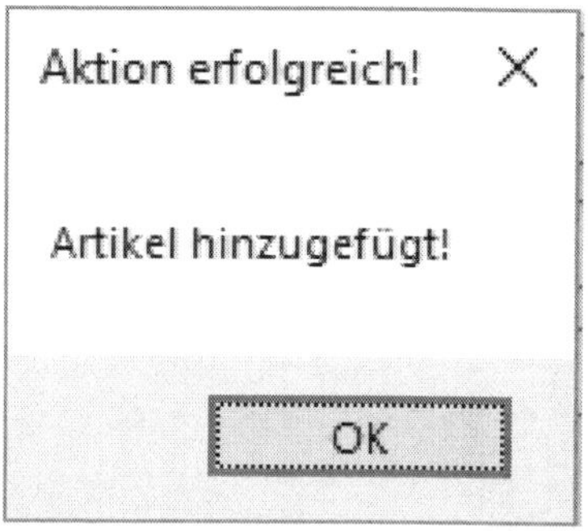

Screenshot 86 Die Message-Box für die Erfolgsmeldung

Hier wird zunächst eine Struktur definiert. Das macht es einfacher, die Daten für einen einzelnen Artikel zusammenzufassen. Danach folgt die Funktion `zaehlen`. Diese findet heraus, wie viele Artikel in der Datei vorhanden sind. Der hierfür verwendete Algorithmus wurde bereits in Aufgabe 2 im Kapitel 11.3 vorgestellt, sodass dieser hier nicht nochmals erklärt wird.

Danach wird die Funktion `einfügen` ausgeführt. Dabei wird zunächst eine Variable vom Typ `artikel` definiert, die der oben erstellten Struktur entspricht. Sie wird mit den Übergabewerten aus dem Eingabefeld initialisiert. Danach werden alle weiteren Variablen, die für diese Funktion notwendig sind, deklariert und die Funktion `zaehlen` ausgeführt. Daraufhin wird ein Array aus Artikeln eingeführt, dessen Größe um eins größer sein soll, als die bisherige Anzahl an Produkten. So kann es auch das neue Produkt aufnehmen. Da die Größe erst während der Laufzeit definiert wird, ist es notwendig, den Speicherplatz dynamisch zu vergeben – wie in Kapitel 10.4 vorgestellt.

Im nächsten Programmteil wird der Inhalt eingelesen. Hierbei ist es wichtig, dass die einzelnen Zeilen den passenden Bestandteilen der Struktur zugeordnet werden. Hierfür dient der Zähler `j`. Wenn alle Bestandteile eingefügt wurden, ist das nächste Produkt an der Reihe. Daher erhöht sich der Zähler `k`, der als Index für das Array dient, nach dem fünften Durchlauf.

Nun sind alle Produkte im Array gespeichert und es ist notwendig, das neue Produkt an der richtigen Stelle einzufügen. Dazu wird eine neue Schleife eingeführt, die mit dem vorletzten Arrayfeld beginnt (das letzte ist ja noch leer) und sich dann nach vorne vorarbeitet. Ist die Artikelnummer des neuen Produkts kleiner als beim entsprechenden Element des Arrays, wird dieses um eine Position nach hinten verschoben. So entsteht ein freies Feld an der vorletzten Stelle. Mit jedem Durchgang der Schleife arbeitet sich das Programm weiter nach vorne. Wenn die Bedingung dieser `if`-Abfrage nicht mehr zutrifft, bedeutet das, dass die richtige Position für den neuen Artikel erreicht ist. Das Programm setzt ihn dann im `else`-Teil der Abrage einfach in die Lücke. Außerdem setzt es den Zähler auf -1, was zum Abbruch der Schleife führt. In der ersten Abfrage ist außerdem eine weitere `if`-Abfrage integriert. Diese wird ausgeführt, wenn der Zähler bei 0 angekommen ist – also wenn die Schleife bis zum Ende ausgeführt wurde und dabei die Artikelnummer des neuen Produkts jedes Mal kleiner war als beim Artikel im Array. Das bedeutet, dass der neue Artikel die kleinste Nummer aufweist, sodass er an Position 1 gesetzt wird.

Es ist wichtig, zu beachten, dass dieser Sortier-Algorithmus nur funktioniert, wenn die bisherigen Daten bereits geordnet vorliegen. Wenn man die Artikel über das Programm einträgt, wird dies stets gewährleistet. Wenn man die entsprechende Textdatei manuell bearbeitet, ist es jedoch notwendig, auf die richtige Reihenfolge zu achten.

Danach soll der Inhalt des Arrays in die Datei geschrieben werden. Diese Befehle sollten bereits bekannt sein. Lediglich die Erstellung der Leerzeile am Anfang benötigt etwas Erklärung. Im Prinzip wäre es sinnvoll, die Leerzeile einfach nach den Daten des jeweiligen Produkts einzufügen. Allerdings gibt auch das Dateiende eine leere Zeile zurück. Das würde die Darstellung beim letzten Produkt stören. Daher wird die Leerzeile vor dem Produkt eingefügt. Lediglich vor dem ersten Artikel soll darauf verzichtet werden. Daher überprüft die `if`-Abfrage, ob es sich um den ersten Artikel der Datei handelt und fügt die Leerzeile nur hinzu, wenn dies nicht der Fall ist.

Nachdem der Artikel eingefügt wurde, soll eine kurze Erfolgsmeldung ausgegeben werden. Hierzu kommt eine Message-Box zum Einsatz, die durch folgenden Code eingebunden wird: `MessageBox(NULL, L"Artikel hinzugefügt!", L"Aktion erfolgreich!", MB_OK);` Der erste Parameter kann einen Zeiger zu einem übergeordneten Fenster enthalten. Da dieses jedoch nicht vorhanden ist, wird er auf `NULL` gesetzt. Der zweite Wert gibt den Inhalt des Fensters und der dritte seine Überschrift an. Der vierte Parameter definiert schließlich die Gestaltungsweise des Feldes. Für eine einfache Information ist hierbei die Angabe “`MB_OK`” zu empfehlen.

14.4 Bestand auffüllen und Artikel verkaufen

Der dritte Button dient dazu, den Bestand für einen bestimmten Artikel aufzufüllen. Dafür soll sich ein neues Fenster öffnen, das den Anwender fragt, für welche Artikelnummer er die Aktion durchführen will und wie groß die Anzahl der hinzugefügten Produkte ist. Beim Klick auf den OK-Button soll das Programm die Änderung in der Datei speichern.

Hierfür ist es notwendig, ein neues Fenster zu erstellen. Die ersten Schritte, die dafür notwendig sind, sind abgesehen von Namen, Beschriftungen und von der Anzahl der Text- und Eingabefelder genau die gleichen wie beim Hinzufügen eines Artikels. Da diese bereits erklärt wurden, werden sie an dieser Stelle lediglich kurz aufgelistet:

1. Einfügen eines neuen Dialogs über die Ressourcen-Ansicht
2. Neue Klasse hinzufügen durch Rechtsklick auf das neue Fenster (Klassenname: `bestandAuffuellen`)

3. Drei statische Textfelder und zwei Edit-Control-Felder über die Toolbox auf das Fenster ziehen.
4. Dem Button "Bestand hinzufügen" (ID IDC_BUTTON3) über den Klassen-Assistenten (Klassenname: CLagerverwaltungDlg) eine Funktion zuweisen.
5. #include "bestandAuffuellen.h" im oberen Bereich des Dokuments eingeben und folgenden Code in die Funktion schreiben:

```
bestandAuffuellen auf;
auf.DoModal();
```

6. Zum Quellcode der Datei Lagerverwaltung.rc wechseln und Größen, Positionen und Beschriftungen nach folgendem Muster anpassen:

```
IDD_DIALOG3 DIALOGEX 0, 0, 300, 200
STYLE DS_SETFONT | DS_MODALFRAME | DS_FIXEDSYS | WS_POPUP |
WS_CAPTION | WS_SYSMENU
CAPTION "Bestand auffüllen"
FONT 8, "MS Shell Dlg", 400, 0, 0x1
BEGIN
    DEFPUSHBUTTON     "OK",IDOK,20,170,110,14
    PUSHBUTTON        "Abbrechen",IDCANCEL,170,170,110,14
    LTEXT             "Den Bestand für einen Artikel
                      auffüllen:",IDC_STATIC,20,20,150,8
    LTEXT             "Artikelnummer:",IDC_STATIC,20,40,100,8
    LTEXT             "Anzahl zugefügte Artikel:",
                      IDC_STATIC,20,60,100,8
    EDITTEXT          IDC_EDIT1,170,40,110,14,ES_AUTOHSCROLL
    EDITTEXT          IDC_EDIT2,170,60,110,14,ES_AUTOHSCROLL
END
```

7. Über den Klassen-Assistenten (Klassenname: bestandAuffuellen) folgende Member-Variablen hinzufügen:

```
IDC_EDIT1 artikelnummerAuffuellen, Typ: int
IDC_EDIT2 anzahlAuffuellen, Typ: int
```

Wichtig: Kategorie auf Wert setzen!

8. Neue Header-Datei (durch Rechtsklick auf Headerdateien im Projektmappen-Explorer) mit dem Namen funktionen3.h hinzufügen.
9. Im Klassen-Assistenten den Button `IDOK` (Klassenname: `bestandAuffuellen`) auswählen und ihm eine Funktion zuweisen.
10. Für die Funktion folgenden Code eingeben:

```
void bestandAuffuellen::OnBnClickedOk()
{
      UpdateData(TRUE);
      auffuellen(artikelnummerAuffuellen, anzahlAuffuellen);
      CDialogEx::OnOK();
}
```

11. `#include "funktionen3.h"` oben in der Datei einfügen.

Nach dem 7. Schritt ist es möglich, das Programm auszuführen, um zu überprüfen, ob das Fenster den Anforderungen entspricht. Es sollte wie folgt aussehen:

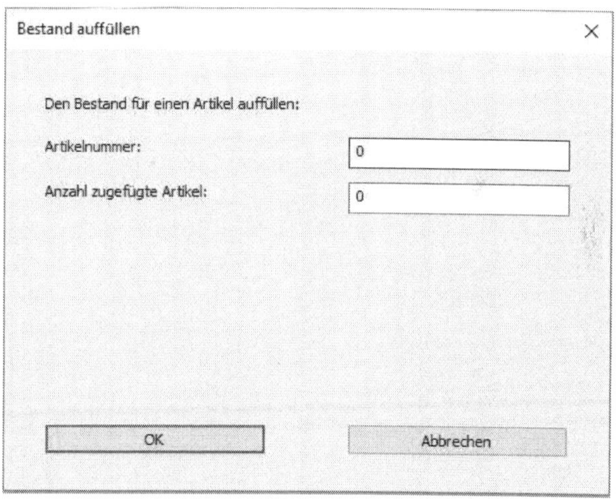

Screenshot 87 Das Fenster für das Auffüllen des Bestands

Wenn man das Programm jedoch nach dem letzten Schritt ausführt, erhält man eine Fehlermeldung. Das liegt daran, dass die

Funktion auffuellen noch nicht definiert ist. Das wird nun nachgeholt.

Dazu ist es notwendig, die Datei funktionen3.h zu öffnen. In diese soll folgender Code eingefügt werden:

```
#pragma once

#include <string>
#include <fstream>

using namespace std;

//Struktur für die Daten eines Artikels
struct artikel
{
	int artnr;
	string bez;
	float pr;
	int best;
};

//Funktion zum Zählen der Artikel in der Datei
int zaehlen2()
{
	int anzahl = 0;
	string inhalt;
	fstream f;
	f.open("sortiment.txt", ios::in);
	while (!f.eof())
	{
		getline(f, inhalt);
		if (inhalt == "")
		{
			anzahl++;
		}
	}
	return anzahl;
}

void auffuellen(int artikelnummer, int anzahl)
{
	int j = 0;
	int k = 0;
	string inhalt;
	int groesse = zaehlen2();
	artikel* gesamtbestand = new artikel[groesse];
	bool ersterDurchgang = true, geaendert = false;
```

```
fstream f;
f.open("sortiment.txt", ios::in);



//Schleife liest Daten ein und speichert sie in Array
while (!f.eof())
{
      getline(f, inhalt);
      j++;
      if (j == 1)
      {
            gesamtbestand[k].artnr = stoi(inhalt);
      }
      if (j == 2)
      {
            gesamtbestand[k].bez = inhalt;
      }
      if (j == 3)
      {
            gesamtbestand[k].pr = stof(inhalt);
      }
      if (j == 4)
      {
            gesamtbestand[k].best = stoi(inhalt);
      }
      if (j == 5)
      {
            j = 0;
            k++;
      }
}
f.close();

/*Schleife überprüft Feld für Feld, ob Artikelnummer
übereinstimmt. Trifft das zu, erhöht sie den Bestand im
entsprechenden Feld.*/
for (int i = 0; i < groesse; i++)
{
      if (gesamtbestand[i].artnr == artikelnummer)
      {
            gesamtbestand[i].best += anzahl;
            geaendert = true;
      }
}
if (!geaendert)
{
```

```
            MessageBox(NULL, L"Artikelnummer nicht vorhanden!",
            L"Keine Aktion möglich!", MB_OK);
        }
        else
        {
            MessageBox(NULL, L"Bestand aufgefüllt.",
            L"Aktion erfolgreich!", MB_OK);
        }

        f.open("sortiment.txt", ios::out);

        //Inhalt des Arrays wird in Datei geschrieben.
        for (int i = 0; i < groesse; i++)
        {
            if (ersterDurchgang == false)
            {
                f << "\n";
            }
            else
            {
                ersterDurchgang = false;
            }
            f << gesamtbestand[i].artnr;
            f << "\n";
            f << gesamtbestand[i].bez;
            f << "\n";
            f << gesamtbestand[i].pr;
            f << "\n";
            f << gesamtbestand[i].best;
            f << "\n";
        }
        f.close();

        delete[] gesamtbestand;

}
```

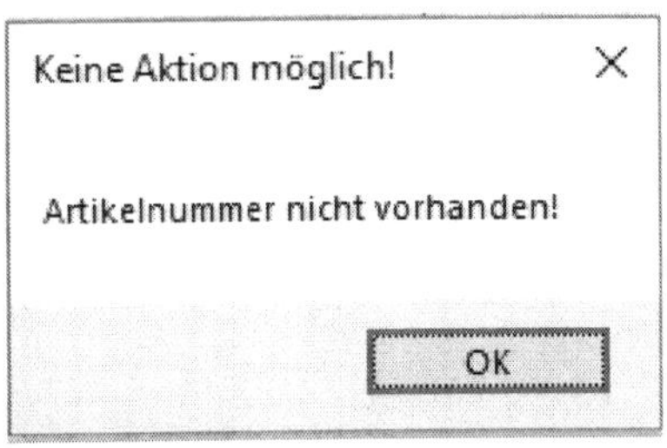

Screenshot 88 Die Warnmeldung bei der Eingabe einer falschen Artikelnummer

Zunächst ist es wieder notwendig, die Struktur für den Artikel zu definieren und eine Funktion zum Zählen der vorhandenen Artikel einzufügen. Diese Teile können aus funktionen2.h kopiert werden. Es ist lediglich notwendig, den Namen der Funktion `zaehlen` zu verändern, da es zu Problemen beim Kompilieren führt, wenn er in gleicher Form in zwei verschiedenen Dateien vorhanden ist. Auch der Beginn der Funktion `auffuellen` ist fast identisch mit der Funktion einfuegen. Lediglich die Array-Länge entspricht hier exakt der Anzahl der bereits vorhandenen Artikel, da kein zusätzliches Produkt eingefügt werden muss. Das Einlesen funktioniert dann genau auf die gleiche Weise wie im vorherigen Abschnitt erklärt.

Erst im Mittelteil kommt es zu einem grundlegenden Unterschied zur vorherigen Funktion. Hier muss das Programm Artikel für Artikel überprüfen, ob die Artikelnummer dem vom Anwender eingegebenen Wert entspricht. Ist dies der Fall, erhöht es beim zugehörigen Produkt den Bestand entsprechend. Wenn die Nummer nicht mit dem vorgegebenen Wert übereinstimmt, wird keine Aktion durchgeführt, sodass der Bestand unverändert bleibt.

Innerhalb der `if`-Abfrage wird außerdem die Variable `geaendert` auf true gesetzt. Diese soll überprüfen, ob zur eingegebenen Nummer ein Artikel gefunden wurde. Je nachdem, ob die vorgegebene Artikelnummer vorhanden ist, soll nach dem Ende der Schleife eine Erfolgs- oder eine Warnmeldung ausgegeben werden. Für diese Meldungen kommt wieder die Message-Box zum Einsatz.

Das Schreiben der Daten in die Datei erfolgt wieder nach dem gleichen Muster wie bei der vorherigen Funktion. Die einzige Anpassung erfolgt innerhalb der Bedingung der `for`-Schleife. Das liegt daran, dass hier die Länge des Arrays genau der Variablen `groesse` entspricht und im Gegensatz zur vorherigen Funktion kein zusätzliches Feld eingefügt wurde.

Nun fehlt nur noch der letzte Button. Diesen kann der Anwender anklicken, wenn ein Produkt verkauft wurde, um den Bestand anzupassen. Auch hier soll er wieder die Artikelnummer und die Anzahl der verkauften Artikel in einem separaten Fenster eingeben.

Die Aufgabe dieses Buttons ist fast identisch mit der des vorherigen Buttons. Lediglich wird hierbei der Bestand um die eingegebene Anzahl reduziert anstatt erhöht. Eigentlich wäre es daher – abgesehen von der Änderung der Funktionsnamen und Beschriftungen – nur notwendig, das Pluszeichen an der entsprechenden Stelle durch ein Minuszeichen zu ersetzen. Als einzige zusätzliche Anforderung soll die Funktion vor dem Entfernen der Artikel überprüfen, ob noch genügend Produkte vorhanden sind. Ist dies nicht der Fall, soll sie die Aktion nicht durchführen und anstatt dessen eine Warnmeldung ausgeben.

Da die Aufgabe fast gleich ist, ist es möglich, wieder die oben beschriebenen 11 Punkte auszuführen. Lediglich bei folgenden Punkten sollen die Funktions- , Variablen- oder Klassennamen abgeändert werden:

2. Klassenname: `produktVerkaufen`
4. Button-ID: `IDC_BUTTON4`
5. `#include "produktVerkaufen.h"` oben in der Datei und `produktVerkaufen verk; verk.DoModal();` in die Funktion einfügen
6. Membervariablen: `artikelnummerVerkaufen` und `anzahlVerkaufen`
8. Headerdatei: funktionen4.h
10. Aufgerufene Funktion: `verkaufen(artikelnummerVerkaufen, anzahlVerkaufen);`

Zum Vergleich der Quellcode für das Fenster in der Datei Lagerverwaltung.rc:

```
IDD_DIALOG4 DIALOGEX 0, 0, 300, 200
STYLE DS_SETFONT | DS_MODALFRAME | DS_FIXEDSYS | WS_POPUP | WS_
CAPTION | WS_SYSMENU
```

```
CAPTION "Dialog"
FONT 8, "MS Shell Dlg", 400, 0, 0x1
BEGIN
    DEFPUSHBUTTON     "OK",IDOK,20,170,110,14
    PUSHBUTTON        "Abbrechen",IDCANCEL,170,170,110,14
    LTEXT             "Ein Produkt verkaufen:",
                      IDC_STATIC,20,20,150,8
    LTEXT             "Artikelnummer",IDC_STATIC,20,40,100,8
    LTEXT             "Anzahl verkaufte Einheiten:",
                      IDC_STATIC,20,60,100,8
    EDITTEXT          IDC_EDIT1,170,40,110,14,ES_AUTOHSCROLL
    EDITTEXT          IDC_EDIT2,170,60,110,14,ES_AUTOHSCROLL
END
```

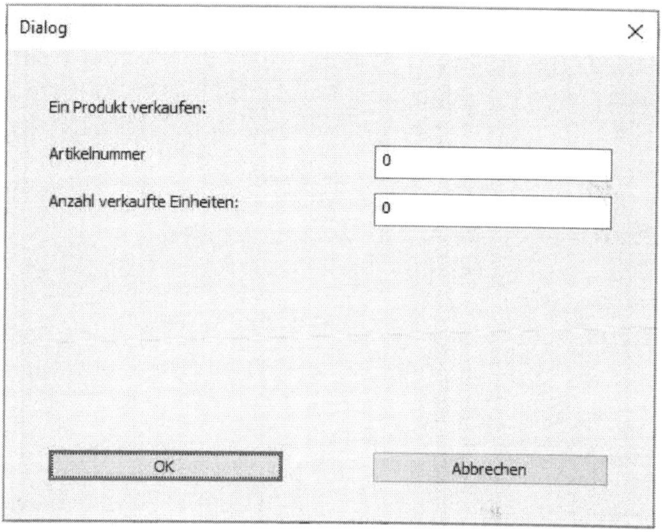

Screenshot 89 Das Fenster für das Verkaufen eines Artikels

Der letzte Schritt besteht darin, den Code für die Datei funktionen4.h zu erstellen. Da die Aufgaben beinahe die gleichen wie in funktionen3.h sind, ist es möglich, den dort erstellten Code zu kopieren und hier einzufügen. Daraufhin müssen jedoch einige Änderungen vorgenommen werden.

Zunächst ist es notwendig, den Namen der Funktion `zaehlen2` zu `zaehlen3` ändern, um eine doppelte Bezeichnung zu vermeiden. Die Hauptfunktion soll den Namen `verkaufen` erhalten. Der Befehl für die Änderung des Bestands, der durchgeführt wird, wenn die Artikelnummer mit der Eingabe übereinstimmt, muss nun den Wert abziehen und nicht wie in der vorherigen Funktion hinzufügen. Außerdem muss er in eine weitere `if`-Abfrage gesetzt werden. Die Bedingung hierfür lautet: `(gesamtbestand[i].best - anzahl >= 0)`. Diese überprüft, ob die notwendige Anzahl an Produkten vorhanden ist. Ist dies nicht der Fall, muss eine Warnmeldung ausgegeben werden. Daher ist es notwendig, für die Abfrage einen `else`-Teil mit folgender Message-Box zu erstellen: `MessageBox(NULL, L"Nicht mehr genügend Artikel vorrätig!", L"Keine Aktion möglich!", MB_OK);`

Wenn nicht genügend Artikel vorhanden sind, soll keine Erfolgsmeldung ausgegeben werden. Um dies zu verhindern, ist es notwendig, zu Beginn der Funktion die boolesche Variable `zuWenig` einzuführen und auf `false` zu setzen. Wenn zu wenig Artikel vorhanden sind, muss sie jedoch zu `true` geändert werden. Der entsprechende Befehl muss daher ebenfalls in den `else`-Teil der entsprechenden `if`-Abfrage integriert werden.

Schließlich muss die Erfolgsmeldung unterbunden werden, wenn diese Variable auf `true` gesetzt wurde. Anstatt des einfachen `else`-Befehls, der bislang mit dieser Message-Box verbunden ist, soll daher folgende Bedingung eingefügt werden: `else if (!zuWenig)`. Außerdem ist es erforderlich, den Inhalt der Nachricht anzupassen. Damit sind die Änderungen abgeschlossen und es ergibt sich folgender Programmcode:

```
#pragma once
#include <string>
#include <fstream>
using namespace std;

//Struktur für die Daten eines Artikels
struct artikel
{
	int artnr;
	string bez;
	float pr;
	int best;
};
```

```
//Funktion zum Zählen der Artikel in der Datei
int zaehlen3()
{
      int anzahl = 0;
      string inhalt;
      fstream f;
      f.open("sortiment.txt", ios::in);
      while (!f.eof())
      {
            getline(f, inhalt);
            if (inhalt == "")
            {
                  anzahl++;
            }
      }
      return anzahl;
}

void verkaufen(int artikelnummer, int anzahl)
{
      int j = 0;
      int k = 0;
      string inhalt;
      int groesse = zaehlen3();
      artikel* gesamtbestand = new artikel[groesse];
      bool ersterDurchgang = true, geaendert = false, zuWenig
      = false;

      fstream f;
      f.open("sortiment.txt", ios::in);

      //Schleife liest Daten ein und speichert sie in Array
      while (!f.eof())
      {
            getline(f, inhalt);
            j++;
            if (j == 1)
            {
                  gesamtbestand[k].artnr = stoi(inhalt);
            }
            if (j == 2)
            {
                  gesamtbestand[k].bez = inhalt;
            }
            if (j == 3)
            {
                  gesamtbestand[k].pr = stof(inhalt);
            }
            if (j == 4)
```

```
        {
            gesamtbestand[k].best = stoi(inhalt);
        }
        if (j == 5)
        {
            j = 0;
            k++;
        }
}
f.close();
/*Schleife überprüft Feld für Feld, ob Artikelnummer
übereinstimmt. Trifft das zu, reduziert sie den Bestand im
entsprechenden Feld.*/
for (int i = 0; i < groesse; i++)
{
        if (gesamtbestand[i].artnr == artikelnummer)
        {
            if (gesamtbestand[i].best - anzahl >= 0)
            //Änderung nur, wenn genügend Artikel
            //vorhanden sind.
            {
                gesamtbestand[i].best -= anzahl;
            }
            else
            {
                MessageBox(NULL, L"Nicht mehr genügend
                Artikel vorrätig!", L"Keine Aktion
                möglich!", MB_OK);
                zuWenig = true;
            }
            geaendert = true;
        }
}
if (!geaendert)
{
        MessageBox(NULL, L"Artikelnummer nicht vorhanden!",
        L"Keine Aktion möglich!", MB_OK);
}
else if (!zuWenig)
{
        MessageBox(NULL, L"Artikel verkauft.",
        L"Aktion erfolgreich!", MB_OK);
}
f.open("sortiment.txt", ios::out);
//Inhalt des Arrays wird in Datei geschrieben.
for (int i = 0; i < groesse; i++)
{
        if (ersterDurchgang == false)
```

```
            {
                    f << "\n";
            }
            else
            {
                    ersterDurchgang = false;
            }
            f << gesamtbestand[i].artnr;
            f << "\n";
            f << gesamtbestand[i].bez;
            f << "\n";
            f << gesamtbestand[i].pr;
            f << "\n";
            f << gesamtbestand[i].best;
            f << "\n";
    }
    f.close();
    delete[] gesamtbestand;
}
```

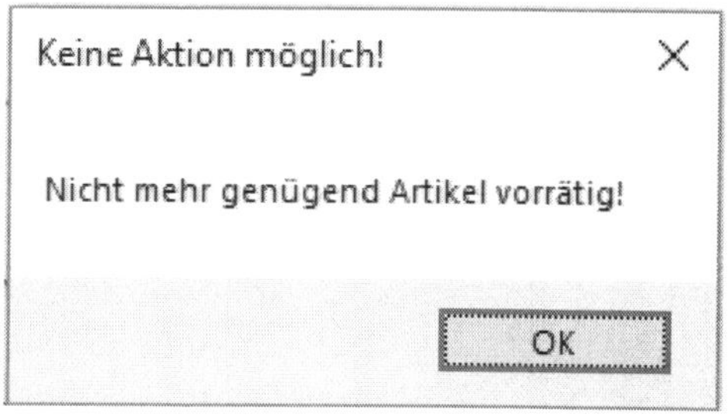

Screenshot 90 Warnmeldung, wenn nicht genügend Artikel vorhanden sind

Damit ist auch der letzte Button des Hauptfensters funktionsfähig, sodass das Programm komplett abgeschlossen ist. Nun ist es möglich, sich den Bestand anzeigen zu lassen, einen Artikel zum Sortiment hinzuzufügen, den Warenbestand aufzufüllen und ein Produkt zu verkaufen.

Alle Programmcodes aus diesem Buch sind als PDF zum Download verfügbar. Dadurch müssen Sie sie nicht abtippen:
https://bmu-verlag.de/books/cpp_programmieren/

Außerdem erhalten Sie die eBook Ausgabe zum Buch im PDF Format kostenlos auf unserer Website:

https://bmu-verlag.de/books/cpp_programmieren/
Downloadcode: siehe Kapitel 15

Kapitel 15
Ausblick: Wie geht es weiter?

In diesem Buch wurden die Grundlagen der Programmierung in C++ vorgestellt. Programme mit einfachen Ausgaben, if-Abfragen, Schleifen und und Strukturen geben die Möglichkeit, viele verschiedene Aufgaben umzusetzen. Auch die objektorientierte Programmierung, Zeiger und die Gestaltung von Dialogfenstern mit MFC wurden behandelt und schließlich folgte ein Projekt, das die Anwendungsmöglichkeiten dieser Techniken in der Praxis aufzeigt. Diese Kenntnisse stellen eine gute Basis dar, um anspruchsvolle Programme mit C++ zu gestalten.

Doch ist es notwendig, die bisher erworbenen Kenntnisse zu vertiefen und auszuweiten. Selbstverständlich ist es möglich, ein weiteres Lehrbuch für Fortgeschrittene zu erwerben, um fortgeschrittene Techniken zu erlernen. Wer die Aufgaben bis hierher bearbeitet hat, kann sich jedoch bereits daran wagen, eigene Programme zu schreiben. Praktische Übungen sind unerlässlich, um die Programmierfähigkeiten zu verbessern. Man kann sich hierfür einfach eigene Aufgabenstellungen überlegen und daraufhin Programme entwickeln, die die Anforderungen umsetzen. Viele Befehle hierfür wurden in diesem Buch bereits erklärt. Wenn man einmal nicht weiterkommt, findet man im Internet zahlreiche Blogs, Foren und Tutorials, in denen meistens eine Lösung oder Hilfestellung zu finden ist.

https://bmu-verlag.de/books/cpp_programmieren/

Downloadcode: ht3dmlbts

Besuchen Sie auch unsere Website:

Hier finden Sie alle unsere Programmierbücher und können sich Leseproben gratis downloaden:

www.bmu-verlag.de

Probleme? Fragen? Anregungen?

Sie können den Autor jederzeit unter bonacina@bmu-verlag.de kontaktieren!

Hat Ihnen das Buch gefallen?

Helfen Sie anderen Lesern und bewerten Sie das Buch auf Amazon:

http://amazon.de/ryp

Arduino Handbuch für Einsteiger: Der leichte Weg zum Arduino-Experten (202 Seiten)

Die Arduino Plattform, bestehend aus Hardware und Software, erleichtert den Einstieg in die Welt der Mikrocontroller sehr. In diesem Buch erfährst du alles, was notwendig ist, um deine Projekte und Ideen mit dem Arduino endlich realisieren zu können: Egal ob autonomer Roboter oder Heimautomation, mit diesem Buch kannst du sie schnell in die Tat umsetzen, ohne Vorkenntnisse zu benötigen.

Zunächst werden die Grundlagen des Arduino geklärt und direkt, ohne graue Theorie, die ersten Sensoren und Aktoren verwendet. Danach geht es tiefer in die Materie mit spannenden Themen, wie die Verbindung des Arduino mit dem World Wide Web oder der Ausgabe von Texten und Diagrammen auf Displays. Am Ende lernst du einige Projekte, wie eine Arduino Wetterstation oder einen autonomen Roboter kennen und kannst darauf basierend deine Traumprojekte realisieren.

2. Auflage: aktualisiert und erweitert

Hier informieren: http://bmu-verlag.de/arduino_handbuch/

Raspberry Pi Handbuch für Einsteiger: Linux, Python und Projekte (212 Seiten)

Der Raspberry Pi ist mit seiner leistungsfähigen Hardware, seiner ausgezeichneten Energieeffizienz und seinem universellen Design sehr vielfältig einsetzbar: Der kompakte PC steuert Roboter und Smart Homes, dient als Daten- und Webserver und kann als HTPC Media Center oder Spielekonsole im Wohnzimmer verwendet werden.

Dieses Buch stellt dir zahlreiche Möglichkeiten vor, wie du den Raspberry Pi praktisch im Alltag nutzen kannst. Kapitel für Kapitel lernst du die Hardware und das Betriebssystem Linux kennen und kannst dein Wissen sofort praktisch in die Tat umsetzen. Du findest anschauliche Anleitungen für die Einrichtung als Desktop PC, Spielecomputer, Smart Home Terminal und vieles mehr. Auch wie du deine ersten eigenen Programme mit Python schreiben kannst und damit den Raspberry Pi programmieren kannst, lernst du in diesem Buch. Am Schluss wirst du in der Lage sein, eigene Projekte zu entwickeln und verstehen, warum Millionen Nutzer auf der ganzen Welt auf ihren Raspberry Pi nie wieder verzichten möchten. Hol dir jetzt dieses Buch und leg sofort los!

2. Auflage: aktualisiert und erweitert

Hier informieren: http://bmu-verlag.de/raspi/

PHP und MySQL für Einsteiger: Dynamische Webseiten durch PHP 7, SQL und Objektorientierte Programmierung (224 Seiten)

PHP ist eine der wichtigsten serverseitigen Webprogrammiersprachen und in Kombination mit dem Datenbanksystem MySQL und der Datenbanksprache SQL eine einfach zu erlernende aber auch sehr leistungsfähige Programmiersprache, um dynamische Webseiten zu erstellen.

Mit diesem Buch lernen Sie beginnend mit den Grundlagen anhand vieler Praxisbeispiele, wie auch Sie eigene dynamische Webseiten mit PHP erstellen können. Dabei gibt es zu jedem Kapitel Übungsaufgaben mit ausführlichen Lösungen, um das Erlernte direkt selbst anwenden zu können.

2. Auflage: aktualisiert und erweitert

Hier informieren: http://bmu-verlag.de/php-mysql/

Java Programmieren für Einsteiger: Der leichte Weg zum Java-Experten (357 Seiten)

Java ist eine der beliebtesten Programmiersprachen der Welt, und das nicht ohne Grund: Java ist besonders leicht zu erlernen, vielfältig einsetzbar und läuft auf so gut wie allen Systemen. Egal ob du Apps für das Smartphone, Computerspiele oder Serveranwendungen schreiben willst, mit dieser Programmiersprache kannst du all diese Projekte umsetzen.

Dieses Buch wird dich dabei unterstützen. Beginnend mit den Grundlagen wird die Programmierung in Java leicht und verständlich erklärt. Besonderer Fokus wird dabei auf die Objektorientierte Programmierung und das Erstellen von grafischen Oberflächen mit Hilfe von JavaFX gelegt. Jedes Kapitel beinhaltet Übungsaufgaben, durch die man das Gelernte direkt anwenden kann. Nach dem Durcharbeiten des Buches kann der Leser eigene komplexere Java Anwendungen inklusive grafischer Oberfläche programmieren.

2. Auflage: komplett neu verfasst

Hier informieren: http://bmu-verlag.de/java-programmieren/

Python 3 Programmieren für Einsteiger: Der leichte Weg zum Python-Experten (310 Seiten)

Python ist eine weit verbreitete, universell einsetzbare und leicht zu erlernende Programmiersprache und eignet sich daher bestens zum Programmieren lernen!

In diesem Buch wird das Programmieren in Python beginnend mit den Grundlagen leicht und verständlich erklärt, ohne dass dabei Vorkenntnisse vorausgesetzt werden. Ein besonderer Fokus wird dabei auf die Objektorientiere Programmierung (OOP) und das Erstellen von grafischen Oberflächen gelegt. Jedes Kapitel beinhaltet Übungsaufgaben, durch die man das Gelernte direkt anwenden kann. Nach dem Durcharbeiten des Buches kann der Leser eigene komplexere Python Anwendungen inklusive grafischer Oberfläche programmieren.

2. Auflage: aktualisiert und erweitert

Hier informieren: http://bmu-verlag.de/python/

Printed in Poland
by Amazon Fulfillment
Poland Sp. z o.o., Wrocław

88118515R00141